वली दकनी

उर्दू शाइरी के बाबा आदम

वाणी प्रकाशन

नयी दिल्ली-110002

फोन : 23273167, 23275710 • फैक्स : 23275710

e-mail : vani_prakashan@yahoo.com

vani_prakashan@mantraonline.com

वली दकनी

उर्दू शाइरी के बाबा आदम

लिप्यंतर एवं सम्पादन

जानकीप्रसाद शर्मा

वाणी प्रकाशन का लोगो
विख्यात चित्रकार मकबूल फिदा हुसेन
की कूची से

वाणी प्रकाशन
21-ए, दरियागंज, नयी दिल्ली-110002
द्वारा प्रकाशित

प्रथम संस्करण : 2004
द्वितीय संस्करण : 2007

मूल्य : 50.00

शुभम ऑफसेट, दिल्ली-110032
द्वारा मुद्रित

VALIDAKNI
Edited by Janki Prasad Sharma

भूमिका

वली के मूल स्थान को लेकर विद्वानों के बीच लंबे अरसे से बहस चलती रही है। उन्हें वली दकनी, वली औरंगाबादी और वली गुजराती तीन नामों से पुकारा जाता रहा है। एक शाइर शम्स वली उल्लाह औरंगाबादी के साथ उनके नाम को गड्डमड्ड कर दिया जाता है। इसके अलावा उनके नाम के साथ जुड़े दकनी शब्द से भी भ्रम होता है। दरअस्ल पुराने ज़माने में गुजरात समेत पूरे दक्षिण भारत को दकन कहा जाता था। निष्कर्ष यह है कि अंतर्बाह्य साक्ष्यों के आधार पर वली का गुजराती होना ही तय पाया जाता है। वली दकनी रूढ़ और प्रचलित नाम है।

वली का जन्म 1648 ई. में औरंगाबाद में हुआ। उनका संबंध अपने समय के प्रसिद्ध सूफ़ी विद्वान शाह वजीहुद्दीन अल्वी के ख़ानदान से रहा है। सूफ़ी संत शाह हाशिम बीजापुरी वली के चाचा थे। वली के मानस के निर्माण में इस आध्यात्मिक पृष्ठभूमि की अहम भूमिका रही। वली की मृत्युतिथि को लेकर मत भिन्नता की स्थिति रही है। सैयद एहतिशाम हुसैन ने वली की मृत्युतिथि 1707 ई. बताई है। 'इंतिख़ाब-ए-वली' के संपादक सैयद ज़हीरुद्दीन मदनी ने 1709 ई. (औरंगज़ेब की मृत्यु के दो साल बाद) को वली की मृत्युतिथि माना है। कुल्लियात-ए-वली के संपादक सैयद नूरुल हसन हाशमी विस्तृत शोध के बाद 1744 ई. में वली का निधन मानते हैं। अंतिम मत ही उचित जान पड़ता है।

वली को गुजरात से बहुत लगाव था। वे कहा करते थे, गुजरात से उनका नाम ऐसे जुड़ा है जैसे गोश्त से नाख़ून। उन्होंने गुजरात के शहर सूरत पर एक ख़ूबसूरत मस्नवी लिखी और गुजरात से बाहर जाने पर इसकी याद में 'दर फ़िराक़-ए-गुजरात' शीर्षक से क़त्आ लिखा। उन्हें गुजरात के सांप्रदायिक सौहार्द के वातावरण पर बड़ा नाज़ था। विभिन्न धर्मों के लोगों का मेल-मिलाप उन्हें जीवन-शक्ति देता था। 'सूरत' पर लिखी रचना में कहते हैं—

वहाँ साकिन इते हैं अहल-ए-मज़हब
कि गिनती में न आवें उनके मशरब

इसी रचना में हिंदुओं के पर्व स्नान को भी याद करते हैं–

शहर भीतर जो आवे नहान का दिन
हिंदू की क़ौम के अश्नान का दिन

यह दुःखद है कि 27 फ़रवरी, 2002 के बाद के सांप्रदायिक उन्माद में शांति और धर्म निरपेक्षता के दुश्मनों ने वली के मज़ार को नेस्तनाबूद कर दिया। सांप्रदायिक फ़ासीवाद मेल-मिलाप और भाईचारे के प्रतीक मज़ार को भी बर्दाश्त नहीं कर सका। मौलाना रूमी ने कहा था, "निशानम ला निशाँ बाशद।" वली की तुरबत के निशान को भले ही बेनिशान कर दिया गया हो, उनकी शौक़ अंगेज़ शाइरी का निशान धर्म निरपेक्षता में यक़ीन करने वाले लोगों के मन में हमेशा बाक़ी रहेगा।

मुहम्मद हुसैन आज़ाद ने 'आब-ए-हयात' में बताया है कि वली दो बार दिल्ली आए। दरअस्ल वली, औरंगज़ेब के शासनकाल में 1700 ई. में सिर्फ़ एक बार दिल्ली आए और इसी यात्रा में अपना दीवान भी साथ लाए। वली की शाइरी उनके आने से पहले आते-जाते लोगों के ज़रिए दिल्ली पहुँच चुकी थी।

हिंदी रीतिकाल के उस दौर में जबकि कवियों के बीच राजदरबार में पहुँचने की होड़ लगी हुई थी, वली ने अपनी रचनाशीलता के सम्मान को बचाया और किसी प्रभुता प्राप्त व्यक्ति की शान में क़सीदे नहीं लिखे। उन्होंने अपनी शाइरी को मनुष्य की कर्मशीलता, सहिष्णुता और रागात्मकता जैसी सद्वृत्तियों को उभारने का वसीला बनाया। उनके कृतित्व के पीछे एक सामाजिक उद्देश्य विद्यमान है, वह है तमाम विरोधाभासों के बीच मनुष्य के परस्पर सहकार की प्रतिष्ठा।

वली ने तसव्वुफ़ के चिंतन को ग़ज़ल के काव्य-रूप में बड़ी ख़ूबसूरती के साथ ढाला है। उन्होंने तसव्वुफ़ की मूल धारणाओं से बहस की है और उन्हें जन साधारण के लिए सुलभ बनाया है। फ़ारसी में तसव्वुफ़ के विषय पर महान कविता की एक परंपरा रही है। उन्होंने एक ग़ज़ल में अनवरी, जमाली, जामी, फ़िरदौसी, फ़ैज़ी, फ़सीही, ग़ज़ाली, बेदिल, कमाली और खुसरो का एक साथ नामोल्लेख किया है। वली इस परंपरा को उर्दू में रचा-बसा कर आगे बढ़ाने वाले पहले शाइर हैं। उनके यहाँ सूफ़ी संतों और दरवेशों की वाणी गूँजती है–

अयां है हर तरफ़ आलम में हुस्न-ए-बेहिजाब उसका
बग़ैर अज़ दीदा-ए-हैराँ नहीं जग में निक़ाब उसका
हुआ है मुझ पे शम्मे-बज़्म यकरंगी सूँ यूँ रौशन
कि हर ज़र्रे उपर ताबाँ है दायम आफ़ताब उसका

सूफ़ी दर्शन की शिक्षा-दीक्षा ने वली की तबीयत में वसीउल मश्रबी (धार्मिक

उदारता) पैदा की। भारत आने से पहले सूफ़ी दर्शन में दूसरे धर्मों की चर्चा शामिल नहीं थी। यहाँ आकर हिंदू और इस्लाम धर्मों के विभेद का पहले-पहल उसे सामना करना पड़ा और इस दर्शन में उपासना की विभिन्न पद्धतियों के सम्मान का नया तत्त्व जुड़ गया। इस प्रकार सूफ़ियां की तर्ज़ पर वली ने तसव्वुफ़ को भारतीय संस्कार से संपन्न किया। इस धार्मिक उदारता ने उन्हें लोक जागरण का कवि बना दिया। उस दौर में दक्षिण से उत्तर तक उनकी शाइरी ने जो यात्रा की, उसके पीछे उनके व्यापक धार्मिक दृष्टिकोण की शक्ति विद्यमान थी।

वली को ऐसा उदार और सहिष्णु व्यक्तित्व मिला है कि वे क़ुरान मजीद के साथ-साथ वेदवाणी को भी अपनी शाइरी में जगह देते हैं–

याद करती है ख़त कूं ज़ुल्फ़-ए-सनम
काम हिंदू का बेदबानी है

वली गुजरात में रहते हुए हरिद्वार के संन्यासियों को भी याद करते हैं–

ऐ सनम तुझ जबीं उपर ये ख़ाल
हिंदु - ए - हरिद्वार बासी है

वली एक ऐसे सामाजिक वातावरण के निर्माण के लिए प्रयत्नशील दिखाई देते हैं जिसमें हिंदू हों या मुसलमान सब फूलों की तरह हँसते हुए दिखाई दें। यही उनका जीवन-दर्शन है–

जब लग हैं आसमान-ओ-ज़मीं जग में बरक़रार
ज्यूँ फूल इस जहां के चमन में हँसा करो

वली के यहाँ इश्क़ हक़ीक़ी (ईश्वरीय प्रेम) और इश्क़ मजाज़ी (लौकिक प्रेम) के बीच कोई विभाजक रेखा नहीं है। "शग़ल बेहतर है इश्क़ बाज़ी का। क्या हक़ीक़ी ओ क्या मजाज़ी का।" अंततः उनके प्रेम का आलंबन इस दुनिया के लोग हैं। वली के इश्क़ का पंथ निराला है–

ज़ाद-ए-रह दिल सूँ जो बग़ल में लिया
इश्क़ के पंथ में वो आक़िल है
ऐ 'वली' तर्ज़-ए-इश्क़ आसां नहीं
आज़माया हूँ मैं कि मुश्किल है

वली की शाइरी में मुख्य रूप से भाषा के दो स्तर मिलते हैं। एक स्तर वह है जिससे प्रभावित होकर उत्तर भारत के शाइर रेख़्तागोई की ओर प्रवृत्त हुए। इसमें फ़ारसी के समासों, मुहावरों और बंदिशों को स्थानीय बोलचाल की ज़बान में समाहित कर लिया गया है। इस ज़बान के ज़रिए वली रेख़्तागोई की बुनियाद डालते हैं। दूसरा

भाषा स्तर वह है जहाँ हिंदी के तत्सम शब्दों की बहुलता है। कुछ ऐसे भाषिक प्रयोग हैं जो पूरी उर्दू शाइरी में केवल वली के यहाँ मिलते हैं। उन्होंने फ़ारसी और संस्कृत के शब्दों से समास बनाए हैं। सामान्यतः या तो चरण-चिह्न मिलेगा या नक़्श-ए-क़दम, लेकिन वली नक़्श-ए-चरन भी लिख जाते हैं–

चाहो कि पी के पग तले अपना वतन करो
अव्वल अपस कूँ अजज़ में नक़्श-ए-चरन करो

वली के समय तक मत्रूकात (निषिद्ध शब्दों को छाँटना) के सिद्धांत पर अमल शुरू नहीं हुआ था। इसीलिए दतन, तधां, दाड़म, छंद (फ़रेब), अत-पत, पिरत, पीतम, बेगी, बांसली, पेमनगर, बचन, देवल, चितरा, शास्तर, पुजनहारी और दास जैसे सैकड़ों तद्भव और देशज शब्दों को शाइर ने अपनी काव्य-भाषा में सुरक्षित कर लिया है।

वली को उर्दू शाइरी का बाबा आदम कहा जाता है। उनसे पहले के शासक कवि क़ुली क़ुतबशाह का दीवान मिल जाने के कारण वली को उर्दू का पहला साहब-ए-दीवान शाइर मानने की बात ग़लत हो गई है लेकिन लोक में उन्हें जो सम्मान मिल चुका है, वह आज भी बरक़रार है।

वली के निकट परवर्ती शाइरों ने उनकी कला की महानता को अपने-अपने ढंग से स्वीकार किया है–

'हातिम' ये फ़न-ए-शे'र में कुछ तू भी कम नहीं
लेकिन वली वली है जहां में सुख़न के बीच

–हातिम

'आबरू' शे'र है तेरा ऐजाज़
पर वली का सुख़न करामत है

–आबरू

ख़ूगर नहीं कुछ यूँ ही हम रेख़्तागोई के
माशूक़ जो अपना था बाशिंदा दकन का था

–मीर

यह संचयः

इस चयन में वली दकनी की एक सौ ग़ज़लें और एक क़त्आ शामिल हैं। लिप्यंतर में डा. सैयद ज़हीरुद्दीन मदनी द्वारा संपादित 'इतिख़ाब-ए-वली' (उर्दू) के

पाठ को आधार बनाया गया है। हिंदी पाठकों की सुविधा के लिए पाद-टिप्पणी के रूप में कठिन शब्दों के अर्थ दे दिए गए हैं।

आशा है, इस चयन के माध्यम से उर्दू प्रेमी हिंदी पाठक वली की रचनाशीलता से परिचित हो सकेंगे। इस प्रयास की बाबत आपके मूल्यवान सुझावों का स्वागत है।

जानकीप्रसाद शर्मा

बी-330, अशोक नगर,
शाहदरा दिल्ली-110093
5 मार्च, 2003

राह-ए-मज़्मून-ए-ताज़ा बंद नहीं
ताक़यामत खुला है बाब-ए-सुख़न

(लिखने वालों के लिए ताज़ा विषयों की राह कभी बंद नहीं होती। जब तक दुनिया है, तब तक नई रचनाशीलता की संभावनाएँ बनी रहेंगी।)

1

वो सनम जब सूँ बसा दीदा-ए-हैरान में आ
आतिश-ए-इश्क़[1] पड़ी अक़्ल के सामान में आ
नाज़ देता नहीं गर रुख़्सत-ए-गुलगश्त-ए-चमन[2]
ऐ चमनज़ार-ए-हया[3] दिल के गुलिस्तान में आ
ऐश है ऐश कि उस मह का ख़याल-ए-रौशन
शम्मः-रौशन किया मुझ दिल के शबिस्तान[4] में आ
याद आता है मुझे जब वो गुल-ए-बाग़-ए-वफ़ा
अश्क करते हैं मकाँ गोशा-ए-दामान में आ
नाला-ओ-आह[5] की तफ़्सील न पूछो मुझ सूँ
दफ़्तर-ए-दर्द बसा इश्क़ के दीवान में आ
हुस्न था पर्दा-ए-तज्रीद[6] में सब सूँ आज़ाद
तालिब-ए-इश्क़[7] हुआ सूरत-ए-इनसान में आ
शेख़ याँ बात तिरी पेश न जावे हरगिज़
अक़्ल को छोड़ के मत मजलिस-ए-रिंदान[8] में आ
दर्द मंदां को बजुज़ दर्द नहीं सैद-ए-मुराद
ऐ शह-ए-मुल्क-ए-जुनूँ[9] ग़म के बयाबान में आ
हाकिम-ए-वक़्त है तुझ घर में रक़ीब-ए-बदख़ू
देव मुख़्तार हुआ मुल्क-ए-सुलेमान में आ
चश्मा-ए-आब-ए-बक़ा[10] जग में किया है हासिल
यूसुफ़-ए-हुस्न तिरे जाह-ए-ज़नख़दान[11] में आ
जग के ख़ूबां का नमक हो के नमक परवर्दा

---

1. प्रेम की आग 2. बाग़ की सैर 3. लज़्ज़ा रूपी उपवन 4. दिल की इबादतगाह या हृदयरूपी शयन कक्ष 5. आर्त पुकार 6. निर्वसनता का पर्दा 7. प्रेम का आकांक्षी 8. शराबियों की महफ़िल 9. उन्माद के देश का राजा 10. नित्यता रूपी जल का झरना 11. ठोड़ी की जगह

छुप रहा आके तिरे लब के नमकदान में आ
बस कि मुझ हाल सूँ हमसर है परीशानी में
दर्द कहती है मिरा, ज़ुल्फ़ तिरे कान में आ
ग़म सूँ तेरे है तरहहुम[12] का महल हाल-ए-'वली'
ज़ुल्म को छोड़ सजन शेवा-ए-अहसान[13] में आ

12. रहम, मेहरबानी 13. अहसान का ढंग

2

यो तिल तुझ मुख के काबे में मुझे अस्वद-ए-हजर[1] दिसता
ज़नख़ दाँ[2] में तिरे मुझ चाह-ए-ज़मज़म का असर दिसता
परीशाँ सामरी[3] का दिल तिरी ज़ुल्फ़-ए-तिलिस्मी में
ज़ुमुर्रुद[4] रंग यो तिल मुझ कूँ सहर-ए-बाख़तर[5] दिसता
मिरा दिल चाँद होर, तेरी निगह ऐजाज़ की उँगली
कि जिसकी यक इशारत में मुझे शक़्क़ुल-क़मर[6] दिसता
नयन देवल में पुतली यो है या काबे में अस्वद है
हिरन का है यो नाफ़ा[7] या कँवल भीतर भँवर दिसता
'वली' शीरीं ज़बानी की नहीं है चाशनी सब को
हलावत फ़हम[8] को मेरा सुख़न शहद-ओ-शकर दिसता

1. वो काला पत्थर जो काबे की दीवार में लगा हुआ है 2. ठोड़ी 3. एक यहूदी जिसने हज़रत मूसा के ज़माने में चाँदी-सोने का एक बछड़ा बनाकर बनी इस्राइल से उसकी पूजा कराई थी। 4. नीले रंग का एक बहुमूल्य पत्थर 5. ख़तरे से भरा जादू 6. हज़रत मुहम्मद साहब का हुजरा (कक्ष) 7. नाभि 8. मिठास की पहचान करने वाले

3

आज की रैन मुझ कूँ ख़्वाब न था
दोनों अँखियाँ में ग़ैर-ए-आब न था
ख़ून-ए-दिल कूँ किया था मैंने नोश[1]
और शीशे मिनीं[2] शराब न था
आज की रैन दर्द-ओ-ग़म म्याने[3]
कोई मुझ सार का ख़राब न था
मजलिसे-शोख़ में मुझे कुछ भी
हुज्जत-ए-वस्ल कूँ जवाब न था
टुक तकल्लुफ़ सूँ आके मिल जाता
हक़ के नज़दीक कुछ अज़ाब नया
माह अंधकार था कि ज्यूँ मेरे
पास मेरा जो माहताब न था
आह पर आह खींचता था मैं
आज की रात कुछ हिसाब न था
क्या सबब था जो ख़ुद नहीं आया
कि उसे मुझ सिती[4] हिजाब न था
गिला-ए-शोख़ ऐ 'वली' करना
हर किसी कन तुझे सवाब न था

1. पीना 2. में 3. बीच में 4. से

4

मत ग़ुस्से के शो'ले सूँ जलते कूँ जलाती जा
टुक मेहर के पानी सूँ तूँ आग बुझाती जा
तुझ चाल की क़ीमत सूँ दिल नईं है मिरा वाक़िफ़
ऐ मान भरी चचंल टुक भाव बताती जा
इस रात अँधारी में मत भूल पडूँ तुझ सूँ
टुक पाँव के झाँझर की झनकार सुनाती जा
मुझ दिल के कबूतर कूँ पकड़ा है तिरी लट ने
ये काम धरम का है टुक इसको छुड़ाती जा
तुझ मुख की परस्तिश[1] में गई उम्र मिरी सारी
ऐ बुत की पुजनहारी टुक इसको पुजाती जा
तुझ इश्क़ में जल-जल कर सब तन कूँ किया काजल
ये रौशनी अफ़ज़ा है अँखियाँ को लगाती जा
तुझ नेह में दिल जल-जल जोगी की लिया सूरत
यक बार उसे मोहन छाती सूँ लगाती जा
तुझ घर की तरफ़ सुंदर आता है 'वली' दायम[2]
मुश्ताक़[3] दरस का है टुक दरस दिखाती जा

1. पूजा, इबादत 2. हमेशा, सदा 3. इच्छुक

5

दिल कूँ लगती है दिलरुबा की अदा
जी में बसती है ख़ुश अदा की अदा
गरचे सब ख़ूबरू[1] हैं ख़ूब वले
क़त्ल करती है मीरज़ा की अदा
हर्फ़ बेजा बजा है गर बोलूँ
दुश्मन-ए-होश है पिया की अदा
नक़्श-ए-दीवार क्यूँ न हो आशिक़
हैरत अफ़्ज़ा[2] है बेवफ़ा की अदा
गुल हुए ग़र्क़ आब-ए-शबनम में
देख उस साहिब-ए-हया की अदा
अश्क-ए-रंगीं में ग़र्क़ है निसदिन
जिसने देखा है तुझ हिना की अदा
ऐ 'वली' दर्द-ए-सर की दारू है
मुझ कूँ उस संदली क़बा[3] की अदा

---

1. सुंदर चेहरे वाला 2. आश्चर्य बढ़ाने वाली 3. चादर, परिधान

6

मूसा[1] अगर जो देखे तुझ नूर का तमाशा
उसकूँ पहाड़ हूवे फिर तूर का तमाशा
ऐ रश्क-ए-बाग़-ए-जन्नत तुझ पर नज़र किए सूँ
रिज़्वाँ को होवे दोज़ख़ फिर हूर का तमाशा
रोज़-ए-सियाह उसके होंटों से जल्वागर है
तुझ ज़ुल्फ़ में जो देखा दैजूर का तमाशा
कसरत के फूलबन में जाते नहीं हैं आरिफ़[2]
बस है मोहद्दाँ[3] को मंसूर[4] का तमाशा
है जिस सूँ यादगारी वो जल्वागर है दायम
तू चीं में देख जाकर फ़ग़फ़ूर का तमाशा
वो सर बुलंद आलम अज़ बस है मुझ नज़र में
ज्यूँ आसमां अयां[5] है मुझ दूर का तमाशा
तुझ इश्क़ में वली के अंझो[6] उबल चले हैं
ऐ बहर-ए-हुस्न[7] आ देख उस पूर का तमाशा

---

1. एक मशहूर पैग़ंबर जिन पर तौरेत नाज़िल हुई 2. साधक 3. ईश्वर को एक मानने वाले 4. एक मनीषी जिन्होंने 'अनलहक़' कहा था और जिसके कारण उन्हें सूली पर चढ़ा दिया गया था 5. प्रकट 6. आँसू 7. सौंदर्य का समुद्र

7

अयाँ है हर तरफ़ आलम में हुस्न-ए-बेहिजाब उसका
बग़ैर अज़ दीदा-ए-हैरां[1] नहीं जग में निक़ाब उसका
हुआ है मुझ पे शम्मे-बज़्म यकरंगी सूँ यूँ रौशन
कि हर ज़र्रे उपर ताबाँ है दायम आफ़ताब उसका
करे उश्शाक़[2] कूँ ज्यूँ सूरत-ए-दीवार हैरत सूँ
अगर पर्दे सूँ वा होवे जमाल-ए-बेहिजाब उसका
सजन ने यक नज़र देखा निगाह-ए-मस्त सूँ जिसकूँ
ख़राबात-ए-दोआलम[3] में सदा है वो ख़राब उसका
मिरा दिल पाक है अज़ बस 'वली' रंग-ए-कदूरत[4] सूँ
हुआ ज्यूँ जोहर-ए-आईना मख़्फ़ी[5] पेचो-ताब उसका

1. हैरान आँखें 2. आशिक़ का बहुवचन 3. लोक और परलोक रूपी शराब-खाना 4. मलीनता 5. पोशीदा, छुपाना

8

गुज़र है तुझ तरफ़ हर बुलहवस[1] का
हुआ धावा मिठाई पर मगस[2] का
अपस घर में रक़ीबां[3] को न दे बार
चमन में काम क्या है ख़ार-ओ-ख़स[4] का
निगह सूँ तेरी डरते हैं नज़र बाज़
सदा है ख़ौफ़ दज़्दूँ को असस का
बजुज़ रंगीं अदा दूजे सूँ मत मिल
अगर मुश्ताक़[5] है तू रंग-ओ-रस का
'वली' को टुक दिखा सूरत अपस[6] की
खड़ा है मुंतज़िर तेरे दरस का

---

1. जिसके मन में बहुत तृष्णा हो 2. शहद की मक्खी 3. रक़ीब का बहुवचन 4. कूड़ा-करकट 5. इच्छुक 6. अपने आप, ख़ुद

9

दिल को गर मरतबा हो दरपन का
मुफ़्त है देखना सिरीजन[1] का
जामा ज़ेबाँ कूँ क्यूँ तजूँ कि मुझे
घेर रखता है दूर दामन का
ऐ ज़बाँ कर मदद कि आज सनम
मुंतज़िर है बयान-ए-रौशन का
आईना तुझसे होके हमज़ानू
ग़ैरत अफ़्ज़ा[2] हुआ है गुलशन का
अम्न में तुझ निगह सूँ हैं बेदार
ख़ौफ़ नईं मुफ़्लिसों को रहज़न का
दिल-ए-सदपारा तुझ पलक सूँ है बंद
ख़िर्क़ा दोज़ी[3] है काम सोज़न[4] का
तुझ निगह सूँ ब शक्ल शान-ए-असल[5]
दिल हुआ घर हज़ार रोज़न[6] का
टुक 'वली' की तरफ़ निगाह करो
सुबह सूँ मुंतज़िर है दर्शन का

---

1. महबूब, प्रेमी 2. लज्जा में वृद्धि करने वाला 3. पैबंद लगाना 4. सूई 5. मधुमक्खी का छत्ता 6. सूराख़

10

शग़ल बेहतर है इश्क़बाज़ी का
क्या हक़ीक़ी[1] क्या वो मजाज़ी[2] का
हर ज़बाँ पर है मिस्ल-ए-ख़ाना मदाम[3]
ज़िक्र तुझ ज़ुल्म की दराज़ी का
होश के हाथ में अना न रही
जब सूँ देखा सवार ताज़ी[4] का
तैं दिखा कर अपस की मुख की किताब
इल्म खोया है दिल सूँ क़ाज़ी का
आज तेरी भवाँ ने मस्जिद में
होश खोया है हर नमाज़ी का
गर नहीं राह-ए-इश्क़ सूँ आगाह
फ़ख़्र बेजा है फ़ख़्र राज़ी का
ऐ 'वली' सर्वक़द कूँ देखूँगा
वक़्त आया है सरफ़राज़ी[5] का

1.पारलौकिक 2. लौकिक 3. हमेशा 4. अरब का घोड़ा 5. सर बुलंद करना

11

किया हूँ जब सूँ वादा शाह-ए-ख़ूबाँ[1] की ग़ुलामी का
अलम बरपा हुआ है तब सूँ मेरी नेकनामी का
उसे दुश्वार है जग में निकलना ग़म के फाँदे सूँ
जो कुई देखा है तेरे बर मिनीं जामा दो दवामी का
उठा रेहाँ अगरचे ख़्वाजा-ए-बस्ताँ सरा लेकिन
दिया तुझ ख़त कूँ ई याक़ूत[2] लब सर ख़त ग़ुलामी का
परी रूयाँ[3] के कूचे में ख़बरदारी से जा ऐ दिल
कि इत्राफ़-ए-हरम[4] में डर हमेशा है हरामी का
बसे फ़रहाद के मानिंद कोह-ए-बीस्तों[5] में जा
अगर क़िस्सा सुने ख़ुसरो तिरी शीरीं कलामी[6] का
लगे ज्यूँ नख़्ल[7] मातम सर्व-ए-गुलशन उसकी अँखियाँ में
तमाशा जिनने देखा है सजन तुझ ख़ुशख़रामी[8] का
हक़ीक़त सूँ तिरी मुद्दत सिती वाक़िफ़ हैं ऐ ज़ाहिद[9]
अबस हम पुख़्ता मग़जाँ सूँ न कर इज़हार ख़ामी[10] का
'वली' लिखता है तेरी मस्त अँखियाँ देख ऐ साक़ी
बयाज़-ए-गर्दन-ए-मीना उपर दीवान 'जामी'[11] का

---

1. गुणीजनों में श्रेष्ठ, प्रियतम 2. एक बहुमूल्य पत्थर 3. परी जैसे मुख वाली 4. हरम के आसपास 5. ईरान का एक पहाड़ जिसे फ़रहाद ने खोद कर शीरीं के लिए दूध की नहर निकाली थी 6. मधुर वाणी 7. हरियाली 8. नाज़ो-अदा की चाल 9. उपदेशक 10. कमी 11. ख़ुरासान का एक प्रसिद्ध फ़ारसी शाइर

12

सुनावे मुजकूँ गर कुई मेहरबानी सूँ सलाम उसका
कहाऊँ आख़िर-दम लग बा जाँ मिन्नत ग़ुलाम उसका
अगरचे हस्ब ज़ाहिर में है फ़ुर्क़त[1] दरम्याँ लेकिन
तसव्वुर दिल में मेरे जल्वागर है सुब्ह-ओ-शाम उसका
मुहब्बत के मिरे दावे पे ता होवे सनद मुझकूँ
लिख्या हूँ सफ़्ह-ए-सीने[2] पे ख़ून-ए-दिल सूँ नाम उसका
बरंगे लाला निकले जाम लेकर इस ज़मीं से जम
अगर बख़्शे तकल्लुम[3] सूँ मै-ए-जाँबख़्श[4] जाम उसका
कुफ़र कूँ तोड़ दिल सूँ दिल में रख कर नीयत-ए-ख़ालिस
हुआ है राम बिन हसरत सूँ जा लछमन सू राम उसका
हुई दीवानगी मजनूँ की यूँ मेरे जुनूँ आगे
कि ज्यूँ है हुस्न-ए-लैला बेतकल्लुफ़-पा-ए-नाम उसका
ज़बाँ तेशे की कर समझै ज़बाँ दूजे फ़सीहाँ की
अगर फ़रहाद दिल जाकर सुने शीरीं कलाम उसका
'वली' देखा जो उस अँखियाँ के साक़ी कन[5] दो जाम-ए-मै
हुआ है बेख़बर आलम सूँ होर[6] ख़्वाहान-ए-जाम उसका

1. बिछोह 2. सीने रूपी पृष्ठ पर 3. संभाषण, कलाम 4. प्राणदायक मदिरा 5. पास, समीप 6. और

13

तुझ लब की सिफ़त लाल-ओ-बदख़्शाँ[1] सों कहूँगा
जादू हैं तेरे नैन ग़ज़ालाँ[2] सों कहूँगा
दी बादशही हक़ ने तुझे हुस्न नगर की
यो किश्वर-ए-ईराँ[3] में सुलेमाँ[4] सों कहूँगा
तारीफ़ तेरे क़द की अलिफ़वार सिरीजन
जा सर्व गुलिस्ताँ कूँ ख़ुशउलहाँ[5] सो कहूँगा
मुझ पर न करो ज़ुल्म तुम ऐ लैला—ए ख़ूबाँ
मजनूँ हूँ तेरे ग़म कूँ बयाबाँ सों कहूँगा
देखा हूँ तुझे ख़्वाब में ऐ माया-ए-ख़ूबी
इस ख़्वाब को जा यूसुफ़-ए-किनआँ[6] सों कहूँगा
जलता हूँ शब-ओ-रोज़ तिरे ग़म में ऐ साजन
ये सोज़ तिरा मिश्अल-ए-सोज़ाँ[7] सों कहूँगा
यक नुक़्ता तिरे सफ़हए-रुख़ पर नहीं बेजा
इस मुख कूँ तिरे सफ़हए-क़ुरआँ सों कहूँगा
बेसब्र न हो ऐ 'वली' इस दर्द सों हरगिज
जलता हूँ तिरे दर्द में दरमाँ[9] सों कहूँगा

---

1. सुर्ख़ रंग के फूलों की एक क़िस्म 2. हिरन 3. ईरान देश 4. एक पैग़ंबर जो तख़्त पर बैठ कर उड़ते थे 5. मधुर कंठ वाला 6. फ़लस्तीन के हज़रत यूसुफ़ 7. दुःख की मशाल 8. मुख रूपी पृष्ठ 9. दवा-दारू

14

तुझ मुख का यो तिल देखकर लाले का दिल काला हुआ
तुझ दौर-ए-ख़त सों तौक़ ज्यूँ महताब पर हाला हुआ
मस्ती मनीं महशर[1] तलक कौनैन[2] को बिसरा है वो
जो तुझ नयन के जाम सों मद पी के मतवाला हुआ
काजल नयन का देख कर बोले हैं यूँ जादूगराँ
उश्शाक़[3] की तस्ख़ीर[4] कूँ यूँ सहर-ए-बंगाला[5] हुआ
ग़म्ज़ाँ[6] की फ़ौजां बाँधकर आए हैं रावत[7] नैन के
हर मू पलक का हाथ में उनके सो जूँ भाला हुआ
जलता है दोज़ख़ रात दिन तेरे जले के रश्क सों
मुश्ताक़ तेरे दरस का जन्नत सों निरवाला[8] हुआ
सट नैन की शमशीर की ऊझड़[9] 'वली' के दिल उपर
तेरे शिकारिस्तान में यो नख़्चीर[10] है पाला हुआ

1. हश्र का मैदान 2. दीन और दुनिया, लोक-परलोक 3. आशिक़ का बहुवचन 4. घेरना, क़ाबू में लाना 5. बंगाल का जादू 6. नाज़-नख़रे 7. सिपाही 8. उदासीन 9. चोट, वार 10. शिकार किया हुआ जानवर

15

जल्वागर जब सों वो जमाल हुआ
नूर-ए-ख़ुर्शीद[1] पायमाल[2] हुआ
नश्शए-सब्ज़ए-ख़त-ए-ख़ूबाँ[3]
वाली-ए-आलम-ए-ख़याल[4] हुआ
याद कर तुझ भवाँ की बैत-ए-बुलंद[5]
माह-ए-नो साहिब-ए-कमाल हुआ
देख कर तुझ निगाह की शोख़ी
होश-ए-आशिक़ रम-ए-ग़ज़ाल हुआ
हुस्न उस दिलरुबा का मुद्दत सों
अक्स-ए-आईना-ए-ख़्याल हुआ
वस्फ़[6] में तुझ भवाँ के हर मिसरा
सानी-ए-मिसरए-हलाल हुआ
जिनने देखा है तुझ निगाह का तेग़
फिर के जीना उसे मुहाल हुआ
अज़ल[7] मजनूँ के बाद मुझकूँ 'वली'
सूबा-ए-आशिक़ी बहाल हुआ

---

1. सूर्य का प्रकाश 2. पराजित, पैरों के नीचे दबा हुआ 3. प्रेमिका के सुंदर चेहरे को देखकर उत्पन्न हुआ नशा 4. भावों के संसार का स्वामी 5. ऊँची आवाज़ 6. गुण, अच्छाई 7. मृत्यु

16

चश्म-ए-दिलबर में ख़ुश अदा पाया
आलम-ए-दिल कूँ मुब्तिला पाया
सैर सहरा की तूँ न कर हरगिज़
दिल के सेहरा में गर खुदा पाया
जब न आया था शिक्म-ए-मादर[1] में
इब्तिदा सूँ न इंतिहा पाया
इस्म-ए-अल्लाह-ओ-मीम अहमद है
हक़ सतीं हक़ कूँ हक़नुमा पाया
बादशाह-ए-नजफ़ वली अल्लाह
पीर-ए-कामिल अली रज़ा पाया
उस मा'नी कूँ बुलहवस[2] नादाँ
क्यूँकि समझे 'वली' ने क्या पाया

1. माँ का पेट 2. जिसके मन में बहुत तृष्णा हो

17

दिल में जब इश्क़ ने तासीर किया
फ़र्द-ए-बातिल[1] ख़त-ए-तदबीर[2] किया
बंद करने दिल-ए-वहशतज़दा कूँ
दाम[3] ज़ह ज़ुल्फ़-ए-गिरहगीर[4] किया
मौज-ए-रफ़्तार ने तुझ क़द की सनम
सर्व-ए-आज़ाद कूँ ज़ंजीर किया
सब्ज़ बख़्तों में उसे लिखते हैं
वस्फ़ तुझ ख़त के जो तहरीर दिया
जुज़ अलम[5] उसकूँ न होवे हासिल
इश्क़-ए-बेपीर कूँ जो पीर किया
शम्अ मानिंद जली उसकी ज़बाँ
जिनने मुझ सोज़ की तक़रीर किया
गिर्यः-ओ-गर्द-ए-मलामत 'सूँ 'वली'
ख़ाना-ए-इश्क़ कूँ तामीर किया

1. झूठ की सूची, झूठी बात 2. युक्ति 3. फंदा 4. केशपाश 5. दुःख 6. रोना-पीटना और धिक्कार

18

है क़द तिरा सरापा मा'नी-ए-नाज़ गोया
पोशीदा दिल में मेरे आता है राज़ गोया
मा'नी तरफ़ चलूया है सूरत सूँ यूँ मिरा दिल
सूरत सिती चल्या है काबे जहाज़ गोया
हर इक निगह में तेरी है नग़मा-ए-मुहब्बत
हर तार तुझ निगह का है तार-ए-साज़ गोया
ऐ क़िब्ला रू हमेशा मेहराब में भवाँ की
करती हैं तेरी पलकाँ मिलकर नमाज़ गोया
तेरी कमर मुसव्विर[1] चितरा[2] है इस अदा सूँ
करता है सर्फ़ उसमें नाज़-ओ-नियाज़ गोया
तुझ ज़ुल्फ़ कूँ जो बोल्या हमदोश[3] मिसरा-ए-क़द
रखता है तुझ बराबर फ़िक्र-ए-दराज़ गोया
वो क़ातिल-ए-सितमगर आता है यूँ 'वली' पर
जल्दी सूँ सैद[4] ऊपर आता है बाज़ गोया

1. चित्रकार 2. चित्रित करना 3. कंधों पर झुकी हुई 4. वह जानवर जिसको शिकार करें

19

मुद्दत के बाद आज किया जूँ अदा सूँ बात
खिलने सूँ उस लबाँ के हुआ हल्ल-ए-मुश्किलात
देखे सूँ आज मुझ पे शबाँ रोज़ नेक है
वो ज़ुल्फ़-ओ-मुख कि जिस सूँ इबारत है दिन-ओ रात
मीठी तिरी यो बात अहे नित नबात रेज़
गोया रखे हैं लब में तिरे माया-ए-नबात[1]
ज़ुल्मात[2] सूँ निकल के जहाँ में अयाँ अछे
गर हुक्म लेवे लब सूँ तिरे चश्मा-ए-हयात[3]
तुझ नाज़ होर[4] अदा सूँ मिरी ये है अर्ज़ ग़र्ज़
या ऐन-ए-इल्तिफ़ात[5] हो या हुक्म-ए-इल्तिफ़ात
तब सूँ उठा है दिल सूँ मिरे ग़ैर का ख़याल
तेरा ख़याल जब सूँ हुआ है मिरे संगात
उस वक़्त मुझको ऐश-ए-दो आलम मिले 'वली'
जिस वक़्त बेहिजाब करूँ प्यू संगात[6] बात

---

1. मिस्री या क़ंद जैसी मीठी वस्तुएँ 2. अँधेरे 3. जीवन रूपी निर्झर 4. और 5. ध्यान, तवज्जो 6. साथ

20

तेरे मुख पर नाज़नीं यो निक़ाब
झलकता है ज्यूँ मल्लए-आफ़ताब[1]
अदा फ़हम के दिल की तस्वीर[2] कूँ
तिरा क़द है ज्यूँ मिसरए-ए-इंतिख़ाब
बजा है तिरे हुस्न की ताब सूँ
तिरी ज़ुल्फ़ खाती है गर पेच-ओ-ताब
नज़र कर के तुझ मुख की साफ़ी उपर
हुई शर्म सूँ आरसी ग़र्क़-ए-आब[3]
तिरे अक्स पड़ने सूँ ऐ गुलबदन
अजब नईं अगर आब होवे गुलाब
तिरे वस्ल[4] में इस क़दर है निशात[5]
कि महमिल[6] कूँ आये हैं राहत सूँ ख़्वाब
करें बख़्त मेरे अगर टुक मदद
'वली' उस सजन सूँ मिलूँ बेहिसाब

1. सूर्योदय 2. क़ाबू में लाना 3. पानी में डूबना 4. संयोग, मिलन 5. हर्ष 6. बेहूदा, सुस्त

21

देखे सूँ तुझ लबाँ[1] के उपर रंग-ए-पान आज
चूना हुए हैं लाला रुख़ाँ[2] के पिरान[3] आज
निकला है बेहिजाब हो बाज़ार की तरफ़
हर बुलहवस[4] की गर्म हुई है दुकान आज
तेरे नयन की तेग़ सूँ ज़ाहिर है रंग-ए-ख़ून
किस कूँ किया है क़त्ल ऐ बांके पठान आज
आख़िर कूँ रफ़्ता-रफ़्ता दिल-ए-ख़ाकसार ने
तेरी गली में जाके किया है मकान आज
कल ख़त ज़बान-ए-हाल सूँ आकर करेगा उज्र
आशिक़ सूँ क्या हुआ जो किया तूने मान आज
तेरी भवाँ कूँ देख के कहते हैं आशिक़ाँ
है शाह जिसके नाम चढ़ी है कमान आज
गंगा रवाँ किया हूँ अपस[5] के नयन सिती
आ रे सनम शिताब[6] है रोज़-ए-नहान आज
क्यूँ दायरे सूँ ज़ुहरा जबीं[7] के निकल सकूँ
यक तान में लिया है मिरे दिल कूँ तान आज
मेरे सुख़न कूँ गुलशन-ए-मा'नी का बोझ गुल
आशिक़ हुए हैं बुलबुल-ए-रंगी बयान आज
जोधा जगत के क्यूँ न डरें तुझ सूँ ऐ सनम
तर्कश में तुझ नयन के हैं अर्जुन के बान आज
जानाँ कूँ बस कि ख़ौफ़-ए-रक़ीबाँ[8] है दिल मनीं[9]
होता है जान बूझ हमन सूँ अजान आज
क्यूँ कर रखूँ मैं दिल कूँ 'वली' अपने खेंचकर
नईं दस्त-ए-अख़्तियार में मेरे इनान[10] आज

1. ओठ 2. सुर्ख रंग के फूल जैसे चेहरे वाली 3. प्राण 4. लोभी, कामी 5. स्वयं 6. शीघ्र 7. माथा 8. प्रतिद्वंद्वी का भय 9. में 10. लगाम

22

अब जुदाई न कर ख़ुदा सूँ डर
बेवफ़ाई न कर ख़ुदा सूँ डर
रास्त कैशाँ[1] सूँ ऐ कमाल अबरू
कज अदाई[2] न कर ख़ुदा सूँ डर
मत तग़ाफ़ुल[3] कूँ राह दे ऐ शोख़
जगहँसाई न कर ख़ुदा सूँ डर
है जुदाई में ज़िंदगी मुश्किल
आ, जुदाई न कर ख़ुदा सूँ डर
आशिक़ाँ कूँ शहीद कर के सनम
कफ़हिनाई[4] न कर ख़ुदा सूँ डर
आरसी देखकर न हो मग़रूर[5]
ख़ुदनुमाई[6] न कर ख़ुदा सूँ डर
उस सूँ जो आशना-ए-दर्द नहीं
आशनाई न कर ख़ुदा सूँ डर
रंग-ए-आशिक़ ग़ज़ब सूँ ऐ ज़ालिम
कुहरबाई न कर ख़ुदा सूँ डर
ऐ 'वली' ग़ैर-ए-आस्ताना-ए-यार[7]
जुब्बा साई[8] न कर ख़ुदा सूँ डर

---

1. सीधे रास्ते पर चलने वाले 2. तिरछापन 3. उपेक्षा 4. हथेली पर मेहंदी रचाना 5. घमंडी 6. आत्मप्रदर्शन 7. प्रेमी की चौखट के अलावा 8. माथा रगड़ना

23

ऐ बाद-ए-सबा[1] बाग़ में मोहन के गुज़र कर
मुझ दाग़ की इस लालए-ख़ूनीं[2] कूँ ख़बर कर
क्या दर्द किसी कूँ कि कहे दर्द मिरा जा
ऐ आह मिरे दर्द की तूँ जाके ख़बर कर
सब तर्ज़-ए-तग़ाफ़ुल[3] कूँ मिरे हक़ में रवा[4] रख
ऐ शोख़ मिरी आह सूँ अलबत्ता हज़र[5] कर
दूजा नहीं ता पी सूँ कहे दिल की हक़ीक़त
ऐ दर्द तू जा जीव में उस पी के असर कर
क्या ग़म है उसे तौर-ए-हवादिस सूँ जहाँ में
बूझा जो कोई गर्दिश-ए-साग़र कूँ सपर[6] कर
कई बार लिखा उसकी तरफ़ नामे कूँ लेकिन
हर बार सटा अश्क ने मुझ नामे कूँ तर कर
हर वक़्त न सट कुलह-ए-तग़ाफ़ुल[7] कूँ अँखाँ में
टुक मेहर सूँ इस तरफ़ ऐ बेमहर नज़र कर
उस साहिब-ए-दानिश[8] सूँ 'वली' है ये तअज्जुब
यकबारगी क्यूँ मुझकों गया दिल से बिसर कर

---

1. प्रातःकाल की वायु 2. खून के रंग जैसा फूल 3. उपेक्षा का ढंग 4. जारी 5. एक जगह ठहरना 6. निबटना, निबटाना 7. उपेक्षा का सुरमा 8. बुद्धिमान

24

ऐ सर्व-ए-ख़रामाँ[1] तूँ न जा बाग़ में चलकर
मत क़मरी-ओ-शम्शाद[2] के सौदे में ख़लल कर
कर चाक गरेबाँ कूँ गुलाँ[3] सेहन-ए-चमन में
आये हैं तिरे शौक़ में पर्दे सूँ निकल कर
सन्अत[4] के मुसव्विर[5] ने सबाहत[6] के सफ़्हे पर
तस्वीर बनाया है तिरी नूर कूं हल कर
ऐ नूर-ए-नज़र शम्अ कूँ देखा हूँ सरापा
तुझ इश्क़ की आतिश सिती[7] काजल हुआ जलकर
बेआब लगे आब-ए-हयात उसकी नज़र में
पानी हुआ तुझ गाल के जो इश्क़ में गलकर
तुझ अबरू-ए-ख़मदार[8] सूँ हर्गिज़ न फिरे दिल
क्यूँ जावे सिपाही दम-ए-शम्शीर सूँ टल कर
ऐ जान-ए-'वली' लुत्फ़ सूँ आ बर में मिरे आज
मुझ आशिक़-ए-बेकल सिती मत वादा-ए-कल कर

---

1. मदमाती चाल चलने वाली 2. एक परिंदे और एक वृक्ष के नाम 3. फूल का बहुवचन 4. कला, शिल्प 5. चित्रकार 6. गोरा रंग 7. से 8. तिरछी भवें

25

अजब नहीं जो करे दिल में शेख़ की तासीर
अगर मुक़द्दमए-इश्क़ कूँ करूँ तहरीर
जुनून-ए-इश्क़ हुआ इस क़दर ज़मीं को मुहीत[1]
कि पारसा कूँ हुई मौज-ए-बोरिया ज़ंजीर
ज़बान-ए-क़ाल[2] नहीं तिफ़्ल-ए-अश्क[3] कूँ लेकिन
ज़बान-ए-हाल सूँ करते हैं इश्क़ की तक़रीर
सफ़े पे चेहरा-ए-उश्शाक़[4] के मुसव्विर-ए-इश्क़
जिगर के ख़ूँ सों लिखा तिफ़्ल-ए-अश्क की तस्वीर
गली सूँ नेही की क्यूँ जा सकूँ 'वली' बाहर
हुई है ख़ाक परी रू[5] की रह[6] की दामनगीर

---

1. घेरने वाला, गोल चक्कर 2. बातचीत, बहस 3. आँसू रूपी शिशु 4. आशिक़ का बहुवचन 5. परी जैसे मुख वाली

26

हुआ नहीं वो सनम साहिब-ए-इख़्तियार हनोज़[1]
बजाय ख़ुद है रक़ीबाँ का ऐतबार हनोज़
परी रुख़ाँ[2] की झलक का किया हूँ बसकि ख़याल
बरंग-ए-बर्क़[3] मिरा दिल है बेक़रार हनोज़
हज़ार बुलबुल-ए-मिस्कीं[4] का सैद[5] है बाक़ी
मुक़ीम है चमन-ए-इश्क़ में बहार हनोज़
बजा नहीं तुझे इनकार ख़ून-ए-आशिक़ सूँ
गया नहीं है तिरे हाथ सूँ निगार हनोज़
अपस[6] की चश्म की गर्दिश सूँ दे प्याला मुझे
गया नहीं है मिरी चश्म सूँ ख़ुमार हनोज़
बजाय ख़ुद है ऐ रंगीं बहार गुल फ़ितरत
तिरी पलक का मिरे दिल में ख़ार-ख़ार हनोज़
चले हैं आहू-ए-मुश्कीं[7] ख़तन[8] सूँ सुन के कि है
निगाह-ए-शौख़सनम दर-पए-शिकार हनोज़
'वली' जहाँ के गुलिस्ताँ में हर तरफ़ है ख़िज़ाँ
वले बहाल है वो सर्व-ए-गुल इज़ार[9] हनोज़

---

1. अब तक, अभी 2. परी जैसे मुख वाली 3. बिजली के रंग जैसा 4. ग़रीब, मुफ़लिस 5. वह जानवर जिसका शिकार होना है 6. स्वयं 7. कस्तूरी मृग 8. भय 9. फूल जैसे गाल वाली

27

सजन की ख़ुर्दसाली[1] पर खुदा नाज़िर ख़ुदा हाफ़िज़
रक़ीबाँ[2] की मलामत सूँ मुहम्मद मुस्तफ़ा हाफ़िज़
सजन के हुस्न-ए-अफ़ज़ूँ[3] पर ख़ुदाया तू अमां करना
कि इस उम्मीद-ए-गुलशन पर अली मुर्तुज़ा हाफ़िज़
सजन के तेग़ अबरू सूँ शहादतगाह पाँवों में
मिरे इस क़त्ल होने पर शहीद-ए-कर्बला हाफिज़
सजन का मुख मुनव्वर[4], नूर आयत, फ़ाल मुस्हिफ़[5] है
कि अहल-ए-नामुरादाँ पर दुआ-ए-हलअता हाफ़िज़
'वली' ग़मगीं न हो ये भेद असरार-ए-इलाही[6] है
कि तेरी दस्तगीरी पर निगाह-ए-दिलरुबा हाफ़िज़

1. कम उम्र 2. प्रेम में प्रतिद्वंद्वी 3. विकसित होता हुआ सौंदर्य 4. दीप्त, आभावान 5. क़ुर्आन मजीद, लौकिक अर्थों में प्रेमिका के गाल 6. ईश्वर के रहस्य

28

मुद्दत हुई सजन ने दिखाया नहीं जमाल
दिखला अपस के क़द कूँ किया नईं मुझे निहाल
यक बार देख मुझ तरफ़ ऐ ईद-ए-आशिक़ाँ
तुझ अबरुआँ[1] की याद सूँ लाग़र[2] हूँ ज्यूँ हलाल
वो दिल कि था जो सोख़्ता-ए-आतिश-ए-फ़िराक़[3]
पहुँचा है जा के रुख़ कूँ सनम के बरंग-ए-ख़ाल[4]
गर मुज़तरिब[5] हैं आशिक़-ए-बेदिल अजब नहीं
वहशी हुए हैं तेरी अँखाँ देख के ग़ज़ाल
फ़ैज़-ए-नसीम-ए-मेहर-ओ-वफ़ा सूँ जहान में
गुलज़ार तुझ बहार का है अब तलक बहाल
खोया है गुलरुख़ाँ[6] ने रऊनत[7] से आब-ओ-रंग
गर्दनकशी है शम्अ की गर्दन उपर वबाल
हरगिज़ न देवे रस्मे-वफ़ा हाथ सूँ 'वली'
यक बार इस ग़ज़ल कों सुने गर गोविंद लाल

1. भवें 2. दुर्बल 3. वियोग की अग्नि में जला हुआ 4. तिल 5. बेचैन 6. फूल जैसे चेहरे वाली 7. घमंड, शेख़ी

29

मेरी निगह की रह पे ऐ फ़ख़ुंदा फ़ाल[1] चल
है रोज़-ए-ईद आज ऐ अबरू हिलाल[2] चल
तेरी नयन की दीद कूँ ऐ नूर-ए-हर नज़र
शक नईं अगर ख़तन[3] सिती आवें ग़ज़ाल[4] चल
मुमकिन नहीं है तन की तरफ़ उसकी बाज़गश्त
जो दिल गया है दिलबर-ए-दिलकश की नाल चल
पीतम की ज़ुल्फ़-ए-पेच दिसा मुझ सवाद-ए-हिंद[5]
इस राह-ए-मार बीच में ऐ दिल सम्हाल चल
वहदत[6] के मैकदे में नहीं बार होश कूँ
उस बेख़ुदी के घर की तरफ़ सुध को डाल चल
ऐ बेख़बर अगर है बुज़ुर्गी की आरज़ू
दुनिया की रह गुज़र में बुज़ुर्गां की चाल चल
गर आक़िबत[7] की मुल्क की ख़्वाहिश है सल्तनत
ख़ुशख़स्लती[8] के मुल्क में ऐ ख़ुशख़साल[9] चल
आया तिरी तरफ़ जो 'वली' तो अजब नहीं
आते हैं तुझ गली मिनीं साहिब कमाल चल

---

1. ख़ुशनसीब 2. पहली रात के चाँद जैसी भौंहें 3. भय 4. हिरन 5. हिंदुस्तान का परिवेश 6. ईश्वर को एक मानना, एकेश्वरवाद 7. परलोक, आख़िरत 8. अच्छी आदत 9. अच्छी आदत वाली

30

तुझ मुख उपर है रंग-ए-शराब-ए-अयाग़-ए-गुल[1]
तेरी ज़ुलफ़ है हल्क़ाए-दूद-ए-चिराग़-ए-गुल[2]
माशूक़ कूँ ज़हर नहीं आशिक़ की आह सूँ
बुझता नहीं है बाद-ए-सबा[3] सूँ चिराग़-ए-गुल
रहता है दिल पिया के तफ़ह्हुस[4] में रात-दिन
है कार-ए-अंदलीब[5] हमेशा सुराग़-ए-गुल
आशिक़ मुदाम हाल-ए-परीशाँ सूँ शाद है
आशुफ़्तगी के बीच है दायम फ़राग़-ए-गुल
तुझ दाग़ सूँ हुआ है चमनज़ार दिल मिरा
ऐ शोख़ आके देख तमाशा-ए-बा-ए-गुल
चलते हैं पी के शौक़ सूँ उश्शाक़ रात दिन
है दिल में बुलबुलाँ के शब-ओ-रोज़ दाग़-ए-दिल
यूँ तुझ सजन में नश्शा-ए-मा'नी है ऐ 'वली'
ज्यूँ रंग-ओ-बू की मै सूँ है लबरेज़ अयाग़-ए-दिल[6]

1. फूल के जाम की शराब का रंग 2. फूल रूपी चिराग़ के धुएँ का दायरा 3. सुबह की हवा 4. चाहत, तलाश 5. बुलबुल 6. दिल का जाम

31

तुझ बेवफ़ा के संग सूँ है पारा-पारा दिल
रेज़श[1] में तुझ जफ़ा सूँ है मिस्ल-ए-सितारा दिल
लर्ज़ा है तब सूँ रा'शा-ए-सीमाब[2] की नमत[3]
जब सूँ तिरी पलक का किया है नज़ारा दिल
तुझ मुख के आफ़ताब की गर्मी कूँ देखकर
जल शौक़ की अगन सूँ हुआ ज्यूँ अँगारा दिल
बेशक शफ़ा-ए-ख़ातिर-ए-बीमार हो तधाँ[4]
तुझ लब के जब तबीब[5] सिती पावे चारा दिल
आवे अगर 'वली' के सिने के महल में तू
देखे तिरे जमाल कूँ फिर कर दुबारा दिल

1. गिरना, टूटना, ज़ुकाम 2. पारे की कँपकँपाहट 3. भाँति 4. जब से, उस वक़्त 5. चिकित्सक

32

नाज़ मत कर तुझे अदा की क़सम
बेतकल्लुफ़ हो मिल ख़ुदा की क़सम
ज़ुल्फ़-ओ-रुख़ है तिरा जो लैल-ओ-नहार[1]
मुझकूँ वल्लैल-ओ-वलज़्हा[2] की क़सम
सर्व क़द कूँ कुशीदा क़ामत-ए-यार
रास्त बोल्या हूँ तुझ अदा की क़सम
मुस्हफ़-ए-रुख़ तिरा है सूरत-ए-फ़ख़
मुझकूँ वन्नज्म इज़ा हवा[3] की क़सम
ज़ुल्म मत कर सजन 'वली' ऊपर
तुझ कूँ है शाह-ए-कर्बला की क़सम

1. रात और दिन 2. क़ुर्आन मजीद की सूरतें 3. ख़ुदा के व्यक्त रूप

33

ज्यूँ गुल शगुफ़्ता रू[1] हैं सुख़न के चमन में हम
ज्यूँ शम्अ सर बुलंद हैं हर अंजुमन में हम
हम पास आके बात 'नज़ीरी'[2] की मत कहो
रखते नहीं नज़ीर अपस की सुख़न में हम
हैं दास्ताँ बरा मनीं मुझ याद कई हज़ार
उस्ताद बुलबुलाँ के हैं हर यक चमन में हम
ख़ूबाँ[3] जगत के जीव सूँ मिलते हैं हम सिती
कामिल[4] हुए हैं बस कि मुहब्बत के फ़न में हम
उस शोख़ शौला रंग सूँ जब से लगन लगी
जलते हैं तब सूँ शो'ला नमत उस लगन में हम
यक बार हँस के बोल सनम नईं तो हश्र लग
ज्यूँ बर्क़-ए-बेक़रार[5] रहेंगे कफ़न में हम
हर चंद जग के बख़्त सियाहों[6] में हैं वले
काजल हो जा बसे हैं सजन के नयन में हम
फ़रहाद तब सूँ तेशा नमन सर किया तले
बाँधे हैं जब सूँ जीव कूँ शीरीं वचन में हम
दो जग हुए हैं दिल सूँ फ़रामोश ऐ 'वली'
रखते हैं जब सूँ याद सिरीजन[7] के मन में हम

---

1. खिले हुए 2. फ़ारसी का एक प्रसिद्ध शाइर 3. सुंदर लोग 4. पारंगत 5. बेचैन बिजली 6. अभागे 7. प्रेमीजन

34

शराब-ए-शौक़ से सरशार हैं हम
कभू बेख़ुद कभी हुशियार हैं हम
दोरंगी सूँ तेरी ऐ सर्व-ए-रा'ना[1]
कभू राज़ी कभू बेज़ार हैं हम
तिरे तस्ख़ीर[2] करने में सिरीजन
कभी नादाँ, कभू अय्यार हैं हम
सनम तेरे नयन की आरज़ू में
कभू सालिम[3], कभू बीमार हैं हम
'वली' वस्ल-ओ-जुदाई[4] सूँ सजन की
कभू सेहरा, कभू गुलज़ार हैं हम

1. सुंदर ऊँचा वृक्ष 2. क़ाबू में करना, घेरना 3. स्वस्थ 4. संयोग और वियोग

35

क्यूँ न होवे इश्क़ सूँ आबाद सब हिंदोस्ताँ
हुस्न की देहली का सूबा है मुहम्मद यार ख़ाँ
पेच-ओ-ताब-ए-बेदिलाँ इस वक़्त पर बेजा नहीं
लटपटी दस्तार[1] सूँ आता है वो नाज़ुक मियाँ
दिल हुए उश्शाक़[2] के बेताब मानिंद-ए-सिपंद[3]
जब वो निकले हो सवार-ए-ताज़ि-ए-आतिश इनाँ[4]
जिस तरफ़ हो जल्वागर वो आफ़ताब-ए-बेनज़ीर[5]
सुब्ह के मानिंद होवे रंग-ए-रू-ए-गुलरुख़ाँ[6]
कब नज़र आवेगा या रब वो जवान-ए-तीर क़द
जिसके अबरू[7] के तसव्वुर ने किया मुझको कमाँ[8]
ऐ 'वली' गर मेहरबाँ हो वो चमन आरा-ए-हुस्न
ख़ातिर-ए-नाशाद होवे रश्क-ए-गुलज़ार-ए-जिनाँ[9]

---

1. पगड़ी 2. आशिक़ का बहुवचन 3. काला दाना जो नज़र उतारने के लिए जलाया जाता है 4. आग जैसी लगाम वाले ताज़ी घोड़े पर सवार 5. अनुपम सूर्य 6. सुंदरियों के चेहरे का रंग 7. भौंहें 8. कमान 9. जन्नत का बहुवचन

36

क़रार नईं है मिरे दिल कूँ ऐ सजन तुझ बिन
हुई है दिल में मिरे आह शो'ला ज़न तुझ बिन
शिताब[1] बाग़ में आ ऐ गुल-ए-बहिश्ती रू[2]
कि बुलबुलां कूँ जहन्नुम हुआ चमन तुझ बिन
चमन की सैर सूँ नफ़रत है इस सबब कि मुझे
सफ़ेद दाग़ सूँ मकरूह[3] है समन[4] तुझ बिन
ऐ रश्क-ए-चश्मए-ख़िज़्र[5] अपने मुख की शम्अ दिखा
कि है बा सूरत-ए-ज़ुल्मात[6] अंजुमन तुझ बिन
'वली' के दिल की हक़ीक़त बयान क्यूँ के करूँ
गिरह हुआ है ज़बाँ पर मिरी सुख़न तुझ बिन

---

1. शीघ्र 2. जन्नत के फूल-से चेहरे वाली 3. घिनौना, गर्हित 4. चमेली 5. एक पैग़ंबर जिनके बारे में मशहूर है कि उन्होंने आबे-हयात पिया और वह हमेशा ज़िंदा रहेंगे 6. अंधकारमय

37

दिल हुआ है मिरा ख़राब-ए-सुख़न
देख कर हुस्न-ए-बेहिजाब-ए-सुख़न
बज़्म-ए-मा'नी में सर ख़ुशी है उसे
जिसकूँ है नश्शा-ए-शराब-ए-सुखन
राह-ए-मज़्मून-ए-ताज़ा बंद नहीं
ताक़यामत खुला है बाब-ए-सुख़न[1]
जल्वा पीरा हो शाहिद-ए-मा'नी[2]
जब ज़बाँ सूँ उठा निक़ाब-ए-सुख़न
है तिरी बात ऐ नज़ाकत-ए-फ़हम[3]
लौहे-दीबाचा-ए-किताब-ए-सुख़न[4]
है सुख़न जग मिनीं[5] अदीमुलमिस्ल[6]
जुज़[7] सुख़न नईं दुजा जवाब-ए-सुख़न
लफ्ज़-ए-रंगीं है मत्लए-रंगीं[8]
नूर-ए-मा'नी[9] है आफ़ताब-ए-सुख़न
शे'र फ़हमी की देख कर गर्मी
दिल हुआ है मिरा कबाब-ए-सुख़न
उर्फ़ी-ओ-अनवरी-ओ-ख़ाक़ानी[10]
मुझको देते हैं सब हिसाब-ए-सुख़न
ऐ 'वली' दर्द-ए-सर कभू न रहे
गर मिले संदल-ओ-गुलाब-ए-सुख़न

---

1. सृजन का मार्ग, भाषा का अध्याय 2. अर्थ रूपी प्रेमी 3. नाज़ुक समझ रखने वाला 4. वह तख़्ती जिस पर काव्य की भूमिका लिखी हो 5. में 6. जिसकी कोई मिसाल न हो 7. सिवाय 8. रंगीन मत्ला (माथा) 9. अर्थ की आभा 10. उर्फ़ी, अनवरी और ख़ाक़ानी फ़ारसी के शाइरों के नाम हैं।

38

आशिक़ के मुख पे नैन के पानी कूँ देख तूँ
इस आरसी में राज़-ए-निहानी[1] कूँ देख तूँ
सुन बेक़रार दिल की अवल आह-ए-शो'ला ख़ेज़[2]
तब इस हरफ़ में दिल की मुआफ़ी कूँ देख तूँ
ख़ूबी सूँ तुझ हुज़ूर-ए-शम्अ दम ज़नी में है
इस बेहया की चर्बज़बानी[3] कूँ देख तूँ
दरिया पे जाके मौज-ए-रवाँ पर नज़र न कर
अँसुआँ की मेरे आके रवानी कूँ देख तूँ
तुझ शौक़ का जो दाग़ 'वली' के जिगर में है
बेताक़ती में उसकी निशानी कूँ देख तूँ

---
1. अंतर्निहित रहस्य 2. अंगारे भड़काने वाली आह 3. चापलूसी

39

चलने मिनी ऐ चंचल हाती कूँ लजावे तूँ
बेताब करे जग कूँ जब नाज़ सूँ आवे तूँ
यकबारगी हो ज़ाहिर बेताबिए-मुश्ताक़ाँ[1]
जिस वक़्त कि ग़म्ज़े सूँ छाती कूँ छुपावे तूँ
गोया कि शफ़क़ पीछे ख़ुर्शीद हुआ ज़ाहिर
जब ओट में पर्दे के चेहरे कूँ छुपावे तूँ
लूली-ए-फ़लक[2] मुख में अंगुश्त-ए-तहय्यर[3] ले
जब पाँव नजाक़त सूँ मजलिस में नचावे तूँ
उश्शाक़[4] की शादी की उस वक़्त बजे नौबत
मिरदंग की जिस साइत आवाज़ सुनावे तूँ
यकतान सुनाने में जी तान लिया सबने
अब दिल सूँ बिकीं सारे गर भाव बतावे तूँ
तौबा-ए-रियाई सूँ शायद कि करे तौबा
इस वक़्त 'वली' कूँ गर भर जाम पिलावे तूँ

---

1. इच्छुक व्यक्ति की व्यग्रता 2. आकाश की नर्तकी 3. आश्चर्यपूर्वक मुँह में अंगूठा दबाना 4. आशिक़ का बहुवचन

40

भड़के है दिल की आतिश तुझ नेह की हवा सूँ
शो'ला निमत[1] जला दिल तुझ हुस्न-ए-शो'ला ज़ा[2] सूँ
गुल के चिराग़ गुल हो यक बार झड़ पड़ें सब
मुझ आह की हिकायत बोलें अगर सबा सूँ
निकली है जस्त[3] कर-कर हर संग दिल सूँ आतिश
चक़माक़[4] जब फ़लक की झाड़ा है तूँ अदा सूँ
सजदा बदल रखे सर, सर ता क़दम ग़रक़ हो
तुझ बाहया के पग पर आकर हिना हया सूँ
याँ विरद है पिरम का बेहूदा सर कहे मत
ये बात सुन 'वली' की जाकर कहो दवा सूँ

1. समान, जैसा 2. अंगारे भड़काने वाला सौंदर्य 3. छलाँग 4. एक पत्थर जिससे आग निकलती है।

41

तुझ मुख की झलक देख गई जोत चंदर[1] सूँ
तुझ मुख पे अरक़ देख गई आब गुहर[2] सूँ
शर्मिंदा हो तुझ मुख के दिखे बाद सिकंदर
बिलफ़र्ज़[3] बनावे अगर आईना क़मर[4] सूँ
तुझ ज़ुल्फ़ में जो दिल कि गया उसकूँ ख़लासी[5]
नई सुब्ह-ए-क़यामत तलक इस शब के सफ़र सूँ
हर चंद कि वहशत है तुझ अँखियाँ सिती ज़ाहिर
सद शुक्र[6] कि तुझ दाग़ कूँ उल्फ़त है जिगर सूँ
अशरफ़ का यो मिसरा 'वली' मुजको गुमाँ है
उल्फ़त है दिल-ओ-जाँ कूँ मिरे पेमनगर सूँ

---

1. चंद्रमा की ज्योति 2. मोती 3. कर्त्तव्यपूर्वक 4. चाँद 5. मुक्ति, नजात 6. सौ बार शुक्रिया

42

जब सूँ दिल बाँधा है ज़ालिम तुझ निगह के तीर सूँ
तब सूँ रम[1] ले रम किया रमने के हर नख़्चीर[2] सूँ
बेहक़ीक़त गर्मजोशी दिल में नईं करती असर
शम्अ रौशन क्यूँ के होवे शो'ला-ए-तस्वीर सूँ
जग में ऐ ख़ुर्शीद रू[3] वो चर्ख़ज़न[4] है ज़र्रावार
जिनने दिल बाँधा है तेरे हुस्न-ए-आलमगीर सूँ
ऐ परी तुझ क़द का दीवाना हुआ है जब सूँ सर्व
पायबंद[5] उसकूँ किए हैं मौज की ज़ंजीर सूँ
ख़्वाब में देखा जो तेरे सब्ज़-ए-ख़त कूँ सनम
सब्ज़बख़्तों में हुआ उस ख़्वाब की ताबीर सूँ
जग में नईं अहल-ए-हुनर अपने हुनर सूँ बहरायाब
कोहकन[6] कों फ़ैज़ कब पहुँचा है जू-ए-शीर[7] सूँ
ऐ 'वली' पी का दहन[8] है गुंचए-गुलज़ार-ए-हुस्न
बू-ए-गुल आती है उसकी शोख़ि-ए-तक़रीर सूँ

---

1. डर, वहशत, 2. शिकार किया हुआ जानवर 3. सूर्य जैसे मुख वाली 4. आसमान की तरह गर्दिश में रहने वाला 5. जिसके पैर बँधे हों 6. फ़रहाद 7. दूध की नहर 8. मुख

43

ख़ुदाया मिला साहिब-ए-दर्द कूँ
कि मेरा कहे दर्द बेदर्द कूँ
करे ग़म सूँ सद बर्ग सदपारा दिल
दिखाऊँ अगर चेहरा-ए-ज़र्द कूँ
हटा बुलहवस[1] तुझ भवाँ देखकर
कहाँ ताब-ए-शमशीर नामर्द कूँ
अगर जल में जल कर कँवल ख़ाक हो
न पहुँचे तिरे पाँव की गर्द कूँ
लिखा तुझ दहन की सिफ़त में 'वली'
हर एक फ़र्द में जौहर-ए-फ़र्द कूँ[2]

1. लोभी, कामी व्यक्ति 2. को, के लिए

44

देता नहीं है बार[1] रक़ीब-ए-शरीर[2] कूं
शायद कि बूझता है हमारे ज़मीर कूँ
उस नाज़नीं की तब्अ[3] गर आवे ख़याल में
बूझूँ सदा-ए-सूर[4] क़लम की सरीर[5] कूँ
बरजा है उसकूँ इश्क़ के गोशे[6] मनीं क़रार
जो पेच-ओ-ताब दिल सूँ बिछावे हसीर[7] कूँ
उसके क़दम की ख़ाक में है हश्र की नजात
उश्शाक़ के कफ़न में रखो इस अबीर कूँ
मुझको 'वली' की तबअ की साफ़ी[8] की है क़सम
देखा नहीं है जग में सजन तुझ नज़ीर कूँ

---

1. इजाज़त, बोझ 2. उद्दंड प्रतिद्वंद्वी 3. तबीयत, स्वभाव 4. बिगुल या नफ़ीरी की आवाज़ 5. सरसराहट 6. कोना 7. खजूर की चटाई 8. रूमाल

45

हरगिज़ तू न ले साथ रक़ीब-ए-दग़ली[1] कूँ
मत राह दे ख़िलवत[2] मिनीं[3] ऐसे ख़लली[4] कूँ
तेरे लब-ए-याक़ूत उपर ख़त-ए-ख़फ़ी[5] देख
ख़त्तात-ए-जहाँ[6] नस्ख़[7] किये ख़त्त-ए-जली[8] कूँ
ऐ ज़ुहरा जबीं किशन तेरे मुख की कली देख
गाता है हर इक सुबह में उठ रामकली[9] कूँ
ऐ माहजबीं महर-ए-लक़ा[10] तेरी जबीं पर
करता हूँ हर इक दम मिनीं दम नाद-ए-अली कूँ
मैं ि.ल कूँ तेरे हाथ दिया रोज़-ए-अज़ल सूँ
मत दिल सूँ बिसार अपने महब्बे-अज़ली[11] कूँ
नहीं मंसब-ओ-जागीर नहीं रोज़ वज़ीफ़ा
हर रोज़ तेरा नाम वज़ीफ़ा है 'वली' कूँ

---

1. दाग़दार, ऐबदार 2. एकांत 3. में 4. छुपा हुआ, बारीक 5. दुनिया के ख़त (लिपि) लिखने वाले 6. खारिज़ 7. रद्द, निरस्त 8. मोटे क़लम से लिखा गया लेख 9. एक रागिनी 10. सूरज जैसे मुख वाली 11. शाश्वत प्रेमी

46

हुआ है रश्क चम्पे की कली कूँ
नज़र कर तुझ क़बा-ए-संदली[1] कूँ
करे फ़िरदौस[2] इस्तक़बाल[3] उसका
तसव्वुर जो किया तेरी गली कूँ
हमारी आह-ए-आतिश रंग सुनकर
हुई है बेक़रारी बीजली कूँ
तिरे ग़म में दिल-ए-सूराख़-सूराख़
किया पैदा सदा-ए-बाँसली कूँ
दिल-ए-पुर ख़ूँ ने मेरे बाग़ में जा
दिया तालीम-ए-ख़ूँख़्वारी कली कूँ
किया है आब-ए-ख़जलत[4] सूँ सरापा
हर इक मिसरा सूँ मिस्री की डली कूँ
पड़े सुनकर उछल ज्यूँ मिसर-ए-बर्क़[5]
अगर मिसरा लिखूँ 'नासिर अली' कूँ
तिरे अशआर ऐसे नहीं 'फ़राक़ी'
कि जिस पर रश्क आवेगा 'वली' कूँ

---

1. चंदन की सुवास से युक्त परिधान 2. जन्नत 3. स्वागत 4. लज्जा का पानी 5. आकाश की विद्युत का एक टुकड़ा

47

जो कोई समझा नहीं उस मुख के आँचल के मआनी कूँ
वो क्यूँ बूझे कहो उस शोख़ चंचल के मआनी कूँ
करें गर बहस उस अँखियाँ के जादू की सहर साज़ाँ
न पहुँचे कोई बारीकी में काजल के मआनी कूँ
वो यूसुफ़ कूँ कहे सानी सो उस बेमिस्ल का क्यूँ कर
दो बीं कर जो कि समझा चश्म-ए-अहवल[1] के मआनी कूँ
न निकले बहर-ए-हैरत[2] सूँ जो हुए उस मुख का हमज़ानू
ये बूझे वो जो पहुँचा है सजन जल के मा'नी कूँ
सफ़ाई देख उसके मुख की है बेहोश सर ता पा
यही तहक़ीक़ समझो ख़्वाब मख़मल के मआनी कूँ
बयाँ ज़ुल्फ़-ए-बदीई[3] का है 'सादुद्दीन' का मतलब
अझूँ लग तुम नहीं समझे मुतव्वल[4] के मआनी कूँ
'वली' उस माह-ए-कामिल[5] की हक़ीक़त जो नहीं समझा
वो हरगिज़ नईं बुझा आलम में अकमल[6] के मआनी कूँ

---

1. भैंगी आँख, जिसे एक के दो दिखाई दें 2. आश्चर्य का समुद्र 3. अनुपम केश 4. लम्बा, दीर्घ 5. पूर्ण चंद्रमा 6. किसी कला में निष्णात

48

फ़िदा-ए-दिलबर-ए-रंगीं अदा हूँ
शहीद-ए-शाहिद-ए-गुल गूँ क़बा[1] हूँ
हर इक मह रू के नहीं मिलने का ज़ौक़
सुख़न के आशना का आशना हूँ
किया हूँ तर्क नर्गिस का तमाशा
तलबगार-ए-निगार-ए-बाहया हूँ
न कर शमशाद[2] की तारीफ़ मुझ पास
कि मैं उस सर्वक़द का मुब्तिला हूँ
किया मैं अर्ज़ उस ख़ुर्शीदरू[3] सूँ
तू शाह-ए-हुस्न मैं तेरा गदा हूँ
सदा रखता हूँ शौक़ उसके सुख़न का
हमेशा तिश्ना-ए-आब-ए-बक़ा[4] हूँ
क़दम पर उसके रखता हूँ सदा सर
'वली' हममशरब-ए-रंग-ए-हिना[5] हूँ

1. सुर्ख़ रंग के परिधान में सुसज्जित प्रिय पर शहीद होने वाला 2. एक क़िस्म का पेड़ 3. सूर्य जैसे मुख वाली 4. नित्यता के जल का प्यासा 5. मेहँदी के रंग जैसे स्वभाव वाला

49

रखता हूँ शम्मे-आह सुख़न के फ़िराक़ में
हाजत नहीं चिराग़ की मेरे रवाक़[1] में
आब-ए-हयात-ए-वस्ल सूँ सीने को सर्द कर
जलता हूँ रात-देस[2] पिया तुझ फ़िराक़ में
सुनकर ख़बर सबा सूँ गरेबाँ कूँ चाक कर
निकले हैं गुल चमन सूँ तेरे इश्तियाक़[3] में
ऐ दिल अक़ीक़-ए-लब[4] के ये आए हैं मुश्तरी[5]
मोती न बूझ ज़ुहरा जबीं के बलाक़[6] में
तेरे सुख़न के नग़्मा-ए-रंगीं कूँ सुन 'वली'
डूबा अरक़ के बीच 'इराक़ी' इराक़ में

---

1. बड़ा कमरा 2. रात-दिन 3. उत्कंठा, चाहत 4. सुर्ख़ रंग के क़ीमती पत्थर जैसे ओठ 5. ख़रीदार 6. नाक में पहनने का एक आभूषण

50

हुआ तू ख़ुसरव-ए-आलम[1] सजन ! शीरीं मक़ाली[2] में
अयाँ हैं बद्र[3] के मा'नी तेरी साहब-कमाली में
जो कैफ़ीयत सियहमस्ती की तुझ अँखियाँ में है ज़ालिम
नहीं वो रंग वो मस्ती शराब-ए-पुर्तग़ाली में
तिरी ज़ुल्फ़ों के हल्क़े में है यूँ नक़्श-ए-रुख़-ए-रौशन
कि जैसे हिंद के भीतर लगें दीवे दिवाली में
अगरचे हर सुख़न तेरा है आब-ए-ख़िज़्र[4] सूँ शीरीं
वले लज़्ज़त निराली है पिया तुझ लब की गाली में
कहो उस नूर चश्म-ओ-पिस्ता लब कूँ आशनाई सूँ
कि ज्यूँ बादाम के दो मग़्ज़ होवें यक़ निहाली में
नज़र में नईं है मर्दों की सलाबत[5] अहल-ए-ज़ीनत[6] की
नहीं देखा कोई रंग-ए-शुजाअत[7] शेर-ए-क़ाली[8] में
'वली' के हर सुख़न का वो हुआ है मू-ब-मू[9] ख़्वाहाँ
जो कुई पाया है लज़्ज़त तुझ भवाँ के शे'र-ए-हाली में

---

1. दुनिया का शहंशाह 2. मधुर संभाषण की कला 3. चौदहवीं रात का चाँद 4. आबे-हयात जो पैग़ंबर ख़िज्र ने पिया था 5. कठोरता, सख़्ती 6. सौंदर्य से संपन्न 7. बहादुरी 8. शेर की तस्वीर जो अक्सर क़ालीनों पर बनी रहती है 9. हर्फ़-ब-हर्फ़, कुल

51

छुपा हूँ मैं सदा-ए-बांसली में
कि ता जाऊँ परी रू की गली में
न थी ताक़त मुझे आने की लेकिन
बा ज़ोर-ए-आह पहुँचा तुझ गली में
अयाँ है रंग की शोख़ी सूँ ऐ शोख़
बदन तेरा क़बा-ए-संदली[1] में
जो है तेरे दहन[2] में रंग-ओ-ख़ूबी
कहाँ ये रंग, ये ख़ूबी कली में
किया ज्यूँ लफ़्ज़ में मा'नी सिरीजन[3]
मुक़ाम अपना दिल-ओ-जान-ए-'वली' में

1. चंदन की सुगंध से युक्त परिधान 2. मुख 3. सुरुचि संपन्न लोग

52

सहर पर्दाज़[1] हैं पिया के नयन
होश दुश्मन हैं ख़ुश अदा के नयन
ऐ दिल उसके अगे सँभाल के जा
तेग़ बरकफ़[2] हैं मीरज़ा के नयन
दिल हुआ आज मुझ सूँ बेगाना
देख उस रम्ज़ आशना[3] के नयन
जग में अपना नज़ीर रखते नहीं
दिलबरी में वो दिलरुबा के नयन
नरगिस्ताँ को देखने मत जा
देख उस नरगिसी क़बा के नयन
वो है गुलज़ार-ए-आबरू का गुल
हक़ ने जिसको दिए हया के नयन
ऐ 'वली' किस अगे[4] करूँ फ़रियाद
ज़ुल्म करते हैं बेवफ़ा के नयन

---

1. जादू करने वाले 2. हाथ में तेग़ लिए हुए 3. संकेत पर मोहित होनेवाली 4. आगे

53

ख़ूब रू ख़ूब काम करते हैं
यक निगह में तमाम करते हैं
देख ख़ूबाँ कूँ वक़्त मिलने के
किस अदा सूँ सलाम करते हैं
क्या वफ़ादार हैं कि मिलने में
दिल सूँ सब राम-राम करते हैं
कम निगाही सूँ देखते हैं वले
काम अपना तमाम करते हैं
खोलते हैं जब अपनी ज़ुल्फ़ाँ कूँ
सुबह आशिक़ कूँ शाम करते हैं
साहब-ए-लफ़्ज़[1] उसको कह सकते
जिस सूँ ख़ूबाँ कलाम करते हैं
दिल लिजाते हैं ऐ 'वली' मेरा
सर्व क़द[2] जब ख़िराम[3] करते हैं

1. शब्दों का धनी 2. सर्व के पेड़ जैसे ऊँचे छरहरे बदन वाली 3. अदा के साथ चलना

54

तुझ हुस्न ने दिया है बहार आरसी के तईं
बख़्शा है ख़ाल-ओ-ख़त[1] ने निगार[2] आरसी के तईं
रौशन है बात ये कि अवल सादालोह[3] थी
बख़्शे हैं उसके मुँह सूँ सिंघार आरसी के तईं
ख़ूबी मिनीं अवल सूँ हुई है दहचंद तर
जब सूँ किया सनम ने दो-चार आरसी के तईं
हैरत की अंजुमन में वो हैरत फ़ज़ा[4] ने जा
यक दीद में किया है शिकार आरसी के तईं
किस ख़त के पेच-ओ-ताब कूँ दिल में रखे कि आज
ज्यूँ आब जू नहीं है क़रार आरसी के तईं
हैरत सूँ आँख अपस[5] की न मूँदे हश्र तक
यक पल तो उस निज़क[6] जो गुज़ार आरसी के तईं
गर उसके देखने की 'वली' आरज़ू है तुझ
बेगी[7] अपस के दिल को सँवार आरसी के तईं

---

1. चेहरे के चिह्न, नक़्श 2. सौंदर्य 3. सादगी से रहने वाली 4. हैरत बढ़ाने वाली 5. ख़ुद, अपनी 6. नज़दीक 7. शीघ्र

55

चाहो कि होश सर सूँ अपस के बदर[1] करो
यक बार उस परी की गली में गुज़र करो
है क़िस्स-ए-दराज़ के सुनने की आरज़ू
उस ज़ुल्फ़-ए-ताबदार की तारीफ़ सर करो
बूझो हलाल-ए-चर्ख़[2] कूँ अबरू-ए-पीर ज़ाल[3]
उसकी भवाँ के ख़म पे अगर टुक नज़र करो
उस गुल के गर विसाल की है दिल में आरज़ू
शबनम नमन तमाम अँखियाँ अपनी तर करो
ऐ दोस्ताँ बनंग हुआ हूँ मैं होश सूँ
पीतम का नाँव ले के मुझे बेख़बर करो
पहुँचा है जिसके हिज्र की सख़्ती सूँ हाल-ए-निज़्अ[4]
उस बेख़बर कूँ हाल सूँ मेरे ख़बर करो
हर शे'र सूँ 'वली' के अज़ीज़ाँ बयाज़[5] में
मिस्तर[6] के ख़त कूँ रिश्तए-सल्क-ए-गुहर[7] करो

1. बाहर 2. आकाश का नया चाँद 3. बूढ़ी औरत की भँवें 4. दम तोड़ने की हालत 5. याददाश्त की कापी 6. कागज़ पर सतरें खेंचने के लिए गत्ते की बनाई गई दफ़्तर 7. मोती पिरोने का धागा

56

चाहो कि पी के पग तले अपना वतन करो
अव्वल अपस कूँ अजज़[1] में नक़्श-ए-चरन करो
हे गुलरुख़ाँ[2] कूँ ज़ौक़-ए-तमाशा-ए-आशिक़ाँ[3]
दाग़ाँ सिती[4] दिलाँ कूँ उसके चमन करो
साबित हो आशिक़ाँ में जला जो पतंग वार
तार-ए निगाह-ए-शम्अ सूँ उसका कफ़न करो
गर आरज़ू है दिल में हम आगोशिए-सनम[5]
अँसुआँ[6] सूँ अपने सेज पर फ़र्श-ए-चमन करो
चाहो कि हो 'वली' के नमन जग में दूरबीं[7]
अँखियाँ में सुरमा पीव की ख़ाक-ए-चरन करो

1. विनय 2. फूल जैसे मुख वाले 3. प्रेमियों का तमाशा देखने का शौक़ 4. से, साथ 5. प्रिय का आलिंगन 6. आँसू 7. दूरदर्शी

57

ग़फ़लत में वक़्त अपना न खो हुशियार हो हुशियार हो
कब लग रहेगा ख़्वाब में बेदार हो बेदार हो
गर देखना है मुद्दआ, उस शाहिद-ए-मा'नी का रौ
ज़ाहिर परीशाँ सूँ सदा, बेज़ार हो बेज़ार हो
ज्यूँ चतर[1] दाग़-ए-इश्क कूँ रख सर पे अपने अव्वलन
तब फ़ौज-ए-अहल-ए-दर्द का, सरदार हो, सरदार हो
वो नोबहार-ए-आशिक़ाँ, ज्यूँ सहर जग में है अयाँ
ऐ दीदः[2] वक़्त-ए-ख़्वाब नईं, बेदार हो, बेदार हो
मत्ले का मिसरा ऐ 'वली' दर्द-ए-ज़बाँ कर रात-दिन
ग़फ़लत में वक़्त अपना न खो, हुशियार हो, हुशियार हो

1. छत्र, बड़ा छाता 2. आँख

58

किया मुझ इश्क़ ने ज़ालिम कूँ आब आहिस्ता आहिस्ता
कि आतिश गुल कूँ करती है गुलाब आहिस्ता आहिस्ता
वफ़ादारी ने दिलबर की बुझाया आतिश-ए-ग़म कूँ
कि गर्मी दफ़अ[1] करता है, गुलाब आहिस्ता आहिस्ता
अजब कुछ लुत्फ़ रखता है शब-ए-ख़िल्वत में गुलरू सूँ
ख़िताब आहिस्ता आहिस्ता, जवाब आहिस्ता आहिस्ता
मेरे दिल कूँ किया है, खुद तिरी अँखियाँ ने आख़िर कूँ
कि ज्यूँ बेहोश करती है शराब आहिस्ता आहिस्ता
हुआ तुझ इश्क़ सूँ ऐ आतिशीं रू दिल मिरा पानी
कि ज्यूँ गलता है आतिश सूँ गुलाब आहिस्ता आहिस्ता
अदा-ओ-नाज़ सूँ आता है वो रौशन जबीं घर सूँ
कि ज्यूँ मश्रिक़[2] सूँ निकले आफ़ताब[3] आहिस्ता आहिस्ता
'वली'मुझ दिल में आता है ख़याल-ए-यार बेपर्दा
कि ज्यूँ अँखियाँ मिनीं आता है ख़्वाब आहिस्ता आहिस्ता

---

1. दूर करना 2. पूर्व 3. सूर्य

59

आज दिसता[1] है हाल कुछ का कुछ
क्यूँ न गुज़रे ख़याल कुछ का कुछ
दिल-ए-बेदिल कूँ आज करती है
शोख़ चंचल की चाल कुछ का कुछ
मुजकूँ लगता है ऐ परी पैकर[2]
आज तेरा जमाल[3] कुछ का कुछ
असर-ए-बादः-ए-जवानी[4] है
कर गया हूँ सवाल कुछ का कुछ
ऐ 'वली' दिल कूँ आज करती है
बू-ए-बाग़-ए-विसाल[5] कुछ का कुछ

1. दिखना 2. परी जैसे बदनवाली 3. सुंदरता 4. जवानी की शराब का असर 5. मिलन के उपवन की सुगंध

60

तुझ मुख पे जो इस ख़त का अंदाज़ा हुआ ताज़ा
अब हुस्न के दीवाँ[1] का शीराज़ा[2] हुआ ताज़ा
फूलाँ ने अपस का रंग ईसार किया तुझ पर
तुझ मुख पे जब ऐ मोहन ये ग़ाज़ा[3] हुआ ताज़ा
उस हुस्न के आलम में तू शुहरा-ए-आलम[4] है
हर मुख सूँ तेरा जग में आवाज़ा हुआ ताज़ा
सीने सूँ लगाने की हुई दिल कूँ उमंग ताज़ी
आलस सिती जब तुझ में ख़मियाज़ा हुआ ताज़ा
जो शे'र लिबासी थे ज्यूँ फूल हुए बासी
जब शे'र 'वली' तेरा यो ताज़ा हुआ ताज़ा

---

1. दीवान 2. पन्नों की तरतीब, जुज़बंदी 3. चेहरे पर लगाने का सौंदर्यवर्द्धक चूर्ण 4. जगत प्रसिद्ध

61

गिर्यां[1] हैं अब्र-ए-चश्म[2] मेरी अश्क बार देख
है बर्क़[3] बेक़रार, मुझे बेक़रार देख
फ़िरदौस[4] देखने की अगर आबरू है तुझ
ऐ ज्यू पी के मुख के चमन की बहार देख
हैरत का रंग लेके लिखे शक्ल-ए-बेख़ुदी
तेरे अदा-ओ-नाज़ को मा'नी निगार देख
वो दिल कि तुझ दतन के ख़यालाँ सूँ चाक था
लाया हूँ तेरी नज़्र[5] बहा-ए-अनार देख
ऐ शहसवार तू जो चला है रक़ीब पास
सीने में आशिक़ाँ के उठा है ग़ुबार देख
तेरी निगाह ख़ातिर-ए-नाज़ुक पे बार है
ऐ बुलहवस[6] न पी की तरफ़ बार-बार देख
तुझ इश्क़ में हुआ है जिगर ख़ून-ओ-दाग़दार
दिल में 'वली' के बैठ के यो लाला ज़ार देख

1. रोते हुए 2. आँखों के बादल 3. बिजली 4. जन्नत 5. सम्मानपूर्वक भेंट 6. जिसके मन में तृष्णा हो

62

जो कुई हर रंग में अपने कूँ शामिल कर नहीं गिनते
हमन सब आक़िलाँ[1] में उस कूँ आक़िल कर नहीं गिनते
मुदर्रिस मदरिसे में गर न बोले दर्स दर्शन का
तो उसकूँ आशिक़ाँ उस्ताद-ए-कामिल कर नहीं गिनते
ख़याल-ए-ख़ाम[2] को जो कुई कि धोवे सफ़्ह-ए-दिल सूँ
तसव्वुफ़ के मतालिब कूँ वो मुश्किल कर नहीं गिनते
जो बिस्मिल नईं हुआ तेरी नयन की तेग़ सूँ बिस्मिल
शहीदाँ जग के उस बिस्मिल को बिस्मिल कर नहीं गिनते
पिरत के पंथ में जो कुई सफ़र करते हैं रात होर दिन
वो दुनिया कूँ बग़ैर अज़ चाह-ए-बावल[3] कर नहीं गिनते
नहीं जिस दिल में पी की याद की गर्मी की बेताबी
तो वैसे दिल कूँ सादे दिलबराँ दिल कर नहीं गिनते
रहे महरूम तेरी ज़ुल्फ़ के मुहरे सूँ वो दाइम[4]
जो कुई तेरी नयन कूँ ज़हर-ए-क़ातिल कर नहीं गिनते
न पावे वो दुनिया में लज़्ज़त-ए-दीवानगी हरग़िज
जो तुझ ज़ुल्फ़ाँ के हल्क़े कूँ सलासिल कर नहीं गिनते
बग़ैर अज़ मारिफ़त सब बात में गर कुई अछे[5] कामिल[6]
'वली' सब अहल-इरफ़ाँ उसकूँ कामिल कर नहीं गिनते

1. बुद्धिमान लोग 2. झूठा ख़याल 3. बेटी की विदाई के वक़्त गाये जाने वाले गीत 4. हमेशा 5. अच्छे, भले 6. पूर्ण

63

ये मेरा रोना कि तेरी है हँसी
आप बस नईं परबसी परबसी
है कुल आलम में करम मेरे उपर
जुज़ रसी[1] है जुज़ रसी है जुज़ रसी
रात दिन जग में रफ़ीक़-ए-बेकसाँ
बेकसी है बेकसी है बेकसी
सुस्त होना इश्क़ में तेरे सनम !
नाकसी है नाकसी है नाकसी
बाइस-ए-रुस्वाई-ए-आलम[2] 'वली'
मुफ़लिसी है मुफ़लिसी है मुफ़लिसी

1. कंजूसी, किफ़ायत शुआरी 2. लोकापवाद का कारण

64

ज़बान-ए-यार है अज़ बस कि यार-ए-ख़ामुशी
बहार-ए-ख़त में है बर जा बहार-ए-ख़ामुशी
स्याही ख़त-ए-शब रंग सूँ मुसव्वर-ए-नाज़[1]
लिखा निगार के लब पर निगार-ए-ख़ामुशी
उठा है लश्कर-ए-अहल-ए-सुख़न में हैरत सूँ
ग़ुबार-ए-ख़त सूँ सनम के ग़ुबार-ए-ख़ामुशी
ज़हूर-ए-ख़त[2] में किया है हया ने बस कि ज़हूर[3]
यो दिल शिकार हुआ है शिकार-ए-ख़ामुशी
हमेशा लश्कर-ए-आफ़ात सूँ रहे महफ़ूज़
नसीब जिसको हुआ है हिसार-ए-ख़ामुशी[4]
ग़ुरूर-ए-ज़र सूँ बजा है सुकूत-ए-बेमा'नी[6]
कि बेसदा है सदा कोहिसार-ए-ख़ामुशी
'वली' निगाह कर उस ख़त-ए-सब्ज़ रंग कूँ आज
कि तौर-ए-नूर[7] में है सब्ज़ा ज़ार-ए-ख़ामुशी[8]

1. प्रेमिका रूपी चित्रकार 2. ख़त में छुपे भेद का खुलना 3. जल्वा 4. ख़ामोशी का घेरा 5. व्यर्थ का मौन 6. ख़ामोशी का पहाड़ 7. प्रिय की आभा का ढब 8. ख़ामोशी की हरियाली

65

मुश्ताक़[1] हैं उश्शाक़[2] तेरी बाँकी अदा के
ज़ख़्मी है महबाँ[3] तेरी शमशीर-ए-जफ़ा के
हर पेच में चीरे के तिरे लिपटे हैं आशिक़
आलम के दिलाँ बंद हैं तुझ बंद-ए-क़बा[4] के
लरज़ाँ हैं तिरे दस्त अगे[5] पंजा-ए-ख़ुर्शीद[6]
तुझ हुस्न अगे मात मलायक[7] हैं समा[8] के
तुझ ज़ुल्फ़ के हल्क़े में है दिल बंद 'वली' का
टुक मेहर करो हाल उपर बे सर-ओ-पा[9] के
तनहा न 'वली' जग मिनीं लिखता है तिरे वस्फ़[10]
दफ़्तर लिखा आलम ने तिरी मदह-ओ-सना[11] के

1. इच्छुक 2. आशिक़ का बहुवचन 3. प्रेमी 4. परिधान का बंद 5. आगे 6. सूरज की किरणें 7. फ़रिश्ते 8. आसमान 9. बिना सर और पैर के 10. गुण 11. स्तुति एवं प्रशंसा

66

जिसको लज़्ज़त है सुख़न के दीद की
उसको ख़ुशवक़्ती है रोज़-ए-ईद की
दिल मिरा मोती हो, तुझ बाली में जा
कान में कहता है बाताँ भेद की
ज़ुल्फ़ नईं तुझ मुख पे ऐ दरिया-ए-हुस्न
मौज है ये चश्म-ऐ-ख़ुर्शीद[1] की
उसके ख़त-ओ-ख़ाल सूँ पूछो ख़बर
बूझता हिंदू है बाताँ बेद की
तुझ दहन[2] कूँ देख कर बोला 'वली'
ये कली है गुलशन-ए-उम्मीद की

---

1. सूर्य के प्रकाश का झरना, ज्योतिर्मय निर्झर 2. मुख

67

नर्गिस क़लम हुई है सजन तुझ नयन अगे
शक्कर डुबी है आब में तेरे बचन अगे
गुंचे कूँ गुल के आब में आना मुहाल है
तेरे दहन की बात कहूँ गर चमन अगे
डाला है तेरे चीरे ने ग़ुंचे कूँ पेच में
हर गुल है सीना चाक तेरे पैरहन अगे
है तुझ नयन के पास मेरा अजज़[1] बे असर
ज़ारी[2] न जावे पेश कधी[2] राहज़न अगे
कर हाल पर 'वली' के पिया लुत्फ़ सूँ नज़र
लाया है सर नियाज़[4] सूँ तेरे चरन अगे

1. विनय 2. रोना-पीटना 3. कभी 4. श्रद्धाभाव

68

उसको हासिल क्यूँ होवे जग में फ़रोग़-ए-ज़िंदगी[1]
गर्दिश-ए-अफ़लाक है जिसकूँ अयाग़-ए-ज़िंदगी[2]
ऐ अज़ीज़ाँ सैर-ए-गुलशन है गुल-ए-दाग़-ए-अलम[3]
सुहबत-ए-अहबाब है मा'नी में बाग़-ए-जिंदगी
लब हैं तेरे फ़िलहक़ीक़त चश्म-ए-आब-ए-हयात
ख़िज़्र ख़त ने उससूँ पाया है सुराग़-ए-ज़िंदगी
जब सूँ देखा नईं नज़र भर काकुल-ए-मुश्कीन-ए-यार[4]
तब सूँ ज्यूँ संबल परीशाँ है दिमाग़-ए-ज़िंदगी
आसमाँ मेरी नज़र में काबा -ए-तारीक है
गर न देखूँ तुजकूँ ऐ चश्म-ओ-चिराग़-ए-ज़िंदगी
लाला-ए-ख़ूनीं कफ़न के हाल सूँ ज़ाहिर हुआ
बस्तगी[5] है ख़ाल[6] सूँ ख़ूबाँ के दाग़-ए-ज़िंदगी
क्यूँ न होवे ऐ 'वली' रौशन शब-ए-क़द्र-ए-हयात
है निगाह-ए-गर्म-ए-गुलरूयाँ[7] चिराग़-ए-ज़िंदगी

---

1. जीवन रूपी प्रकाश 2. ज़िंदगी का जाम 3. दुःख, रंज 4. प्रेमी के सुगंधित केश 5. बँधना 6. तिल 7. फूल जैसे मुख वाली

69

जिसे इश्क़ का तीर कारी[1] लगे
उसे ज़िंदगी क्यूँ न भारी लगे
न छोड़े मुहब्बत दम-ए-मर्ग[2] लग
जिसे यार जानी सूँ यारी लगे
न होवे उसे जग में हरगिज़ क़रार
जिसे इश्क़ की बेक़रारी लगे
हरेक वक़्त मुझ आशिक़-ए-पाक कूँ
प्यारे तेरी बात प्यारी लगे
'वली' कूँ कहे तू अगर एक वचन
रक़ीबाँ के दिल में कटारी लगे

1. कारगर, गहरा 2. मौत के वक़्त

70

अगर गुलशन तरफ़ वो नो ख़त-ए-रंगीं अदा निकले
गुल-ओ-रेहाँ सूँ रंग-ओ-बू शिताबी[1] पेशवा निकले
खुले हर गुँच-ए-दिल ज्यूँ गुल-ए-शादाब शादी सूँ
अगर टुक घर सूँ बाहर वो बहार-ए-दिल कुशा[2] निकले
ग़नीम-ए-ग़म[3] किया है फ़ौज बंदी इश्क़ बाराँ पर
बजा है आज वो राजा अगर नौबत बजा निकले
निसार उसके क़दम ऊपर करूँ अंझुवाँ के जौहर सब
अगर करने को दिलजोई वो सर्व-ए-ख़ुश अदा निकले
सनम आए करूँगा नाला-ए-जाँ सोज़[4] क्यूँ ज़ाहिर
मगर उस संग दिल सूँ महरबानी की सदा निकले
रहे मानिंद-ए-लाल-ए-बेबहा[5] शाहाँ के ताज ऊपर
मुहब्बत में जो कुई असबाब-ए-ज़ाहिर कूँ बहा निकले
बख़ीली[6] दरस की हरगिज़ न कीजो ऐ परी पैकर
'वली' तेरी गली में जबकि मानिंद-ए-गदा[7] निकले।

---

1. तीव्रगामी 2. दिल को तबाह करने वाली बहार 3. ग़म रूपी दुश्मन 4. प्राणांतक आर्त्तनाद 5. बहुमूल्य रत्न की भाँति 6. कंजूसी 7. भिखारी

71

सरोद-ए-ऐश[1] गावें हम, अगर वो उश्वः साज़[2] आवे
बजा दें तब्ल शादी के अगर वो दिलनवाज़ आवे
खुमार-ए-हिज्र ने जिसके दिया है दर्द-ए-सर मुजकूँ
रखूँ नश्शा नमन अँखियाँ अगर वो मस्त-ए-नाज़ आवे
जुनून-ए-इश्क़ में मुजकूँ नहीं ज़ंजीर की हाजत
अगर मेरी ख़बर लेने कूँ वो ज़ुल्फ़-ए-दराज़[3] आवे
अदब के एहतिमाम आगे न पावे बार वाँ हरगिज़
लिए साये की पाबोसी[4] कूँ गर रंज-ए-अयाज़[5] आवे
अजब नईं गर गुलाँ दौड़ें पकड़ कर सूरत-ए-क़मरी[6]
अदा सूँ जब चमन भीतर वो सर्व-ए-सरफ़राज़ आवे
परस्तिश[7] उसकी मेरे सर पे होवे सर सिती[8] लाज़िम
सनम मेरा रक़ीबाँ के अगर मिलने सूँ बाज़ आवे
'वली' उस गौहर-ए-कान-ए-हया[9] की क्या कहूँ ख़ूबी
मिरे घर इस तरह आता है ज्यूँ सीने में राज़ आवे

1. ऐश के गाने, मंगल गीत 2. नाज़ो-अदा करने वाला 3. लम्बे केश 4. पैर चूमना 5. जाम का रंग 6. एक पक्षी का नाम 7. पूजा 8. से, साथ 9. लज्जा रूपी खान का मोती

72

जिस वक़्त तबस्सुम में वो रंगीं दहन[1] आवे
गुलज़ार में ग़ुंचे के दहन पर सुख़न आवे
ताहश्र उठे बू-ए-गुलाब उसके अरक़ सूँ
जिस बरमिनीं[2] यकबार वो गुल पैरहन आवे
साया हो मेरा सब्ज़ बरंग-ए-पर-ए-तूती
गर ख़्वाब में वो नो ख़त-ए-शीरीं बचन[3] आवे
खींचे अपस अँखियाँ मिनीं ज्यूँ कुहल-ए-जवाहर[4]
उश्शाक़ के घर हाथ वो ख़ाक-ए-चरन आवे
यक गुल कूँ अपस हाल में उस वक़्त न पावे
जिस वक़्त चमन बीच वो रश्क-ए-चमन आवे
आलम में तेरे होश की तारीफ़ किया हूँ
ऐसा तो न कर काम कि मुझ पर सुख़न आवे
गर हिंद में तुझ ज़ुल्फ़ की, काफ़िर कूँ ख़बर हो
सुनने कूँ सबक़ कुफ़्र का हर बिरहमन आवे
हरगिज़ सुख़न-ए-सख़्त को लावे न ज़बाँ पर
जिस दहन में यक बार वो नाज़ुक बदन आवे
ताहश्र करे सैर-ए-ख़याबाँ[5] के चमन में
गर गौर[6] पे आशिक़ के वो अमरत बचन आवे
बर जा है अगर जग में 'वली' फिर कि दुजे बार
रख शौक़ मिरे शे'र का 'शौक़ी हसन' आवे

---

1. मुख 2. में 3. मधुर वाणी बोलने वाली 4. वह सुरमा जिसमें जवाहर डाले जाते हैं 5. फुलवारी की सैर 6. क़ब्र

73

अगर मुझ कन[1] तू ऐ रश्क-ए-चमन होवे तो क्या होवे
निगह मेरी का तेरा मुख वतन होवे तो क्या होवे
सियह रोज़ाँ[2] के मातम की सियाही दफ़्अ करने कूँ
अगर यक निस तू शम्मे-अंजुमन होवे तो क्या होवे
तेरी बाताँ के सुनने का हमेशा शौक़ है दिल में
अगर यकदम तूँ मुझ सूँ हमसुख़न[3] होवे तो क्या होवे
हुआ जो शौक़ में तुझ देखने के ऐ हलाल अबरू[4]
उसे अँखियाँ के पर्दे का कफ़न होवे तो क्या होवे
अगर गुंचा नमन इक रात इस हस्ती के गुलशन में
'वली' मुझ बर में वो गुल पैरहन[5] होवे तो क्या होवे

1. पास 2. काले दिन 3. साथ बातचीत करने वाला 4. तिरछी भवें 5. फूलों जैसे परिधान वाली

74

हाफ़िज़े[1] का हुस्न दिखलाया है निस्यानी[2] मुझे
है कलीद-ए-क़ुफ़्ल-ए-दानिश[3] तर्ज़-ए-नादानी मुझे
मौजज़न है दिल में मेरे हर रयन[4] में पेचोताब
जब सूँ तेरी ज़ुल्फ़ ने दी है परीशानी मुझे
क्यूँ परीरूयाँ[5] न आवें हुक्म में मेरे तमाम
तुझ दहन[6] की याद है मुहर-ए-सुलेमानी[7] मुझे
यक पलक दूजे पलक सूँ नईं हुई है आशना
जब सूँ तेरे हुस्न ने बख़्शी है हैरानी मुझे
ऐ 'वली' हक़ रफ़ाक़त के अदा करते भी क्या
मुस्तहक़्क़-ए-मग़फ़िरत आलूदा दामानी मुझे

1. स्मृति, धारणा शक्ति 2. एक रोग जिसमें पिछली घटनाएँ व्यक्ति के मन में जड़ जमा लेती हैं 3. बुद्धि के ताले की चाबी 4. रात 5. परी जैसे मुख वाली 6. मुख 7. हज़रत सुलेमान की मुहर जिस पर 'इस्म-ए-आज़म' खुदा था।

75

मुद्दत हुई सजन ने किताबत नईं लिखी
आने की अपने रम्ज़-ओ-किनायत[1] नईं लिखी
मैं अपने दिल की तुझकूँ हिकायत[2] नईं लिखी
तेरी मफ़ार्क़त[3] की शिकायत नईं लिखी
करता हूँ अपने दिल की नमन चाक-चाक उसे
जो आह के क़लम सूँ किताबत नईं लिखी
तस्वीर तेरे क़द की मुसव्विर[4] न लिख सके
हरगिज़ किसी ने नाज़ की सूरत नईं लिखी
मारा है इंतिज़ार ने मुझकूँ वले हनोज़[5]
उस बेवफा कूँ दिल की हक़ीक़त नईं लिखी
क्यूँ संग-ए-दिल तमाम मुसख़्ख़र[6] हुए अगर
तालूअ[7] में मेरे कश्फ़-ओ-करामत[8] नईं लिखी
डरता है सादगी सिती मोहन की ऐ 'वली'
इस ख़ौफ़ सूँ रक़ीब की अत-पत[9] नईं लिखी

1. संकेत 2. कहानी 3. जुदाई, वियोग 4. चित्रकार 5. अभी तक 6. फ़तेह किया हुआ, विजित 7. भाग्य 8. दूसरों का कल्याण करने की दैवीय शक्ति, चमत्कार 9. अस्ल-नस्ल, प्रामाणिक जानकारी

76

मग़ज़[1] उसका सुबास होता है
गुलबदन के जो पास होता है
आ शिताबी[2] नईं तो जाता हूँ
क्या करूँ जी उदास होता है
क्यूँकि कपड़े रंगूँ मैं तुज ग़म में
आशिक़ी में लिबास होता है ?
तुज जुदाई में नईं अकेला मैं
दर्द-ओ-ग़म आस-पास होता है
ऐ 'वली' दिलरुबा के मिलने कूँ
जी में मेरे हुलास होता है

1. मस्तिष्क 2. शीघ्र

77

सनम मेरा सुख़न सूँ आशना है
मुझे फ़िक्र-ए-सुख़न[1] करना बजा है
चमन में वस्ल के हर जल्वए-यार
गुल-ए-रंगीं बहार-ए-मुद्दआ है
न बख़्शे क्यूँ तेरा ख़त ज़िंदगानी
कि मौज-ए-चश्मए-आब-ए-बक़ा[2] है
तग़ाफ़ुल[3] ने तिरे ज़ख़्मी किया मुझ
तेरी ये कमनिगाही नीमचा[4] है
नहीं वाँ आब, ग़ैर अज़ आब-ए-ख़ंजर
शहादत गाह-ए-आशिक़ कर्बला है
ग़नीमत बूझ मिलने कूँ 'वली' के
निगाह-ए-पाकबाज़ाँ[5] कीमिया[6] है

---

1. काव्य रचना की चिंता 2. नित्यता के जल के झरने की लहर 3. उपेक्षा 4. छोटी तलवार 5. पवित्रात्मा अर्थात् प्रेमी की निगाह 6. रसायन

78

इश्क़ में जिसकूँ महारत ख़ूब है
मश्रब-ए-मजनूँ[1] तरफ़ मंसूब[2] है
आशिक़-ए-बेताब सूँ तर्ज़-ए-वफ़ा
ज्यूँ अदा मेहबूब की मेहबूब है
इश्क़ के मुफ़्ती[3] ने यो फ़त्वा दिया
देखना ख़ूबाँ का दर्स-ए-ख़ूब[4] है
लख़्त-ए-दिल[5] पे ख़त लिखा हूँ यार कूँ
दाग़-ए-दिल मुहर-ए-सर-ए-मक्तूब[6] है
ग़म्ज़ओ-नाज़-ओ-अदा-ए-नाज़नीं[7]
ज़ुल्म है, तूफ़ान है, आशोब[8] है
लिख दिया यूसुफ़ ग़ुलामी ख़त तुझे
गरचे नूर-ए-दीदए-याक़ूब[9] है
हर घड़ी पढ़ता है अशआर-ए-'वली'
जिसकूँ हर्फ़-ए-आशिक़ी मर्ग़ूब[10] है

---

1. मजनूँ द्वारा अपनाया गया प्रेम का मार्ग 2. संबद्ध 3. फ़त्वे देने वाला धर्माधिकारी 4. श्रेष्ठ शिक्षा 5. दिल का टुकड़ा 6. पत्र 70. प्रेमिका के नाज़-ओ-अदा 8. व्यथा, वेदना 9. हज़रत यूसुफ़ के पिता का नाम 10. रुचिकर, प्रिय

79

तेरी ज़ुल्फ़ के पेच में छंद[1] है
कि जिस छंद में चंद दर चंद है
ख़याल-ए-ज़ुलफ़ तुझ रसा[2] का सनम
आशिक़ाँ के दिल का अलीबंद है
बिरह आग तेरा मेरे घर मिनीं
जो बंदा किया बंद दर बंद है
तकल्लुम[3] है तुझ लब सूँ यूँ ख़ुशमज़ा
[illegible]ा बेजा कया[4] शक्कर ओ क़ंद है
दिवाना किया है 'वली' कूँ सदा
तिरी-ज़ुल्फ़ में क्या सजन ! छंद है

---

1. फ़रेब, कपट 2. पहुँचने वाला या वाली 3. बात करना 4. कहा

80

इश्क़ में सब्र-ओ-रज़ा[1] दरकार है
फ़िक्र-ए-असबाब-ए-वफ़ा[2] दरकार है
चाक करने जामा-ए-सब्र-ओ-क़रार
दिलबर-ए-रंगीं क़बा[3] दरकार है
हर सनम तस्ख़ीर-ए-दिल[4] क्यूँ कर सके
दिलरुबाई कूँ अदा दरकार है
ज़ुल्फ़ कूँ वा[5] कर कि शाह-ए-इश्क़ कूँ
साया-ए-बाल-ए-हुमा[6] दरकार है
रख क़दम मुझ दीदा-ए-ख़ूंख़ार पर
गर तुझे रंग-ए-हिना दरकार है
देख उसकी चश्म-ए-शहला[7] कूँ अगर
नर्गिस-ए-बाग़-ए-हया दरकार है
अज़्म उसके वस्ल का है ऐ 'वली'
लेकिन इम्दाद-ए-ख़ुदा दरकार है

---

1. धैर्य और स्वीकार की भावना 2. वफ़ा के सामान की चिंता 3. पहनावा 4. दिल जीतना 5. खुलना 6. वह काल्पनिक पक्षी जिसके बारे में मशहूर है कि वह जिस व्यक्ति के सर पर से गुज़र जाए वह बादशाह हो जाता है 7. स्याही लिए हुए भूरी आँखें

81

न समझो ख़ुद-ब-ख़ुद दिल बेख़बर है
निगह में उस परी रू की असर है
अझूँ[1] लग मुख दिखाया नहीं अपस का
सजन मुझ हाल सूँ क्या बेख़बर है
मुरव्वत तर्क[2] मत कर ऐ परीरू
मुरव्वत में मुरव्वत मा'तबर है
तेरे क़द के तमाशे का हूँ तालिब
कि राह-ए-रास्त[3] बाज़ी बेख़तर है
तिरी तारीफ़ करते हैं मलायक[4]
सना[5] तेरी कहाँ हद्द-ए-बशर[6] है
बयान-ए-अहल-ए-मा'नी है मुतव्वल[7]
अगरचे हस्बेज़ाहिर मुख़्तसर है
'वली' मुझ रंग कूँ देखे नज़र भर
अगर वो दिलरुबा मुश्ताक़-ए-ज़र[8] है

---

1. अभी, अब तक 2. छोड़ना 3. सीधा रास्ता 4. फ़रिश्ते 5. प्रशंसा 6. मनुष्य की सीमा 7. विस्तृत 8. धन का इच्छुक

82

उसके नयन में ग़म्ज़ः-ए-आहू[1] पछाड़ है
ऐ दिल सम्हाल चल कि अगे मार-धाड़ है
तुझ नैन के चमन मिनीं क्यूँ आ सकूँ कि याँ
ख़ाराँ के झाड़ ख़ंजर-ए-मिज़्गाँ[2] की बाड़ है
जिसकूँ नहीं है बोझ तिरे हुस्न-ए-पाक की
तिनका नज़ीक उसके मिसाल-ए-पहाड़ है
नर्गिस के फूलने की करे सैर दम-ब-दम
जो तुझ निगाह-ए-मस्त का कैफ़ी[3] कराड़[4] है
दिल में रखा जधाँ[5] सूँ 'वली' तुझ दतन की याद
दाड़म नमन तधाँ[6] सूँ सिने[7] में दराड़ है

---

1. हिरन के नाज़-नख़रे 2. पलकों के ख़ंजर 3. शराबी 4. पक्का, ख़ूब पीने वाला 5. जहाँ 6. तहाँ 7. सीना

83

मुझ हुक्म में वो रास्त क़द-ए-दिल नवाज़[1] है
जिसके हरेक बोल में इशरत का साज़ है
कहते हैं खोल पर्दा शनासान-ए-मुद्दआ[2]
जो ऊज[3] में हवा के उड़े शाहबाज़ है
जब सूँ रखा हूँ इश्क़ के आतिश उपर क़दम
तब सूँ मिसाल-ए-ऊद मिरा ज्यूँ गुदाज़ है
ऐ बुलहवस[4] न दिल में रख आहंग-ए-आशिक़ी
जाँबाज़ आशिक़ाँ पे ये दरवाज़ा बाज़ है
करने को सैर राह-ए-हजाज़-ओ-इराक़-ए-इश्क़
उश्शाक़[5] पास साज़-ओ-नवा सब नियाज़ है
तेरे ख़याल में जो हुआ ख़ुश्क ज्यूँ रबाब[6]
मिज़राब[7]-ए-ग़म का हाथ उस अपर दराज़ है
मेहराब तुझ भवाँ की अजब है मुक़ाम-ए-ख़ास
हर पंजगाह जिसमें दिलों की नमाज़ है
सुन हर्फ़ रास्तबाज़ का, मत मिल रक़ीब सूँ
हर चंद तेरी तब्अ[8] मुख़ालिफ़ नवाज़ है
ख़ाराँ दिलाँ के चश्म की निस्बत के फ़ैज़ सूँ
सुरमे कूँ इस्फ़हाँ[9] के अजब इम्तियाज़[10] है
बांग-ए-बुलंद[11] बात ये कहता हूँ ऐ 'वली'
इस शे'र पर बजा है अगर मुजकूँ नाज़ है

---

1. सीधे-ऊँचे क़द वाली प्रेमिका 2. लक्ष्य की पहचान रखने वाले 3. विरुद्ध 4. तृष्णा रखने वाला 5. आशिक़ का बहुवचन 6. एक तंत्रीवाद्य 7. सितार बजाने का छल्ला 8. तबीयत 9. ईरान का एक शहर 10. गुणवत्ता, विशिष्टता 11. ऊँची आवाज़

84

हर गुनाह-ए-शोख़-ओ-सरकश[1] दुश्ना-ए-ख़ूंरेज़[2] है
तेग़ इस अबरू की हरदम मारने कूँ तेज़ है
इश्क़ के दावे में इसकी बात रखती है असास
सुंबल-ए-ज़ुल्फ़-ए-परी[3] सूँ जिसकूँ दस्त आवेज़ है
आज गुलगुश्त-ए-चमन का वक़्त है ऐ नौ बहार
बादा-ए-गुल रंग सूँ हर जाम-ए-गुल लबरेज़ है
जब सूँ तेरी ज़ुल्फ़ का साया पड़ा गुलशन मिनीं
तब सिती सहन-ए-चमन हर बार सुंबल खेज़ है
सादा रूयाँ[4] कूँ किया मुश्ताक़ अपने हुस्न का
शे'र तेरा ऐ 'वली' अज़ बस कि शौक़ अंगेज़[5] है

---

1. उद्दंड 2. रक्तरंजित कटारी 3. परी के बालों की सुगंध 4. सहज़ दिखने व़ाले 5. सुरुचिपूर्ण

85

दिल तलबगार-ए-नाज़-ए-महवश[1] है
लुत्फ़ उसका अगरचे दिलकश है
मुझ सूँ क्यूँकर मिलेगा हैराँ हूँ
शोख़ है, बेवफ़ा है, सरकश है
क्या तिरी ज़ुल्फ़, क्या तिरे अबरू
हर तरफ़ सूँ मुझे कशाकश है
तुझ बिन ऐ दाग़ बख़्श[2], सीना-ओ-दिल
चमन-ए-लाला[3], दश्त-ए-आतिश[4] है
ऐ 'वली' तज्रुबे सूँ पाया हूँ
शो'ला-ए-आह-ए-शौक़[5] बेग़श[6] है

1. चंद्रमुखी प्रिया को पाने का आकांक्षी 2. दाग़ देने वाला 3. सुर्ख़ रंग के फूलों का उपवन 4. आग का जंगल 5. प्रेम की आह का अंगारा 6. जिसे होश हो, सावधान

86

हर तरफ़ हंगामा-ए-अजलाफ़[1] है
मत किसू से मिल अगर अशराफ़ है
हर सहर तुझ नैमत-ए-दीदार की
आरसी कू, इश्तिहा-ए-साफ़[2] है
नईं शफ़क़ हर शाम तेरे ख़्वाब कूँ
पंजा-ए-ख़ुर्शीद[3] मख़मलबाफ़[4] है
नक़्द-ए-दिल दूजे कूँ दुनिया तुझ बग़ैर
हक़ शनासों[5] के नज़िक[6] अशराफ़ है
क्या करूँ तफ़सीर-ए-ग़म[7], हर अश्क-ए-चश्म
राज़ के क़ुर्आन का कश्शाफ़[8] है
मस्त-ए-जाम-ए-इश्क़ कूँ कुछ ग़म नहीं
ख़ातिर-ए-नासेह अगर नासाफ़ है
वस्वसे[9] सूँ दिल के मत कर ज़र क़लब
सीना साफ़ों की नज़र सर्राफ़ है
रहम करता नईं हमारे हाल पर
शोख़ है, सरकश है, बेइंसाफ़ है
सूरत-ए-नारस्ता ख़त है जल्वागर
इस क़दर चेहरा सनम का साफ़ है
ऐ 'वली' तारीफ़ उसकी क्या करूँ
हर तरह मुस्तग़नी-उल-औसाफ़[10] है

---

1. निकृष्ट लोगों का हंगामा 2. पवित्र इच्छा 3. सूरज की किरणें 4. मख़मल बुनने वाला 5. सत्य की पहचान रखने वाले 6. समीप 7. दुःख की व्याख्या 8. प्रकट, स्पष्ट 9. वहम 10. सर्वगुण संपन्न

87

हरचंद कि उस आहू-ए-वहशी[1] में भडक है
बेताब के दिल लेने कूँ लेकिन निधड़क है
उश्शाक़[2] पे तुझ चश्म-ए-सितमगार का फिरना
तरवार[3] की ऊझड़[4] है या कत्ते[5] की सड़क है
गर्मी सूँ तेरी तब्अ[6] की डरते हैं सियह बख़्त[7]
गुस्से सूँ कड़कना तेरा बिजली की कड़क है
तेरी तरफ़ अँखियाँ कूँ कहाँ ताब कि देखें
सूरज सूँ ज़्यादा तेरे जामे की भड़क है
करने कूँ 'वली' आशिक़-ए-बेताब कूँ ज़ख़्मी
वो ज़ालिम-ए-बेरहम निपट ही निधड़क है

1. जंगली हिरन 2. आशिक़ का बहुवचन 3. तलवार 4. चोट, वार 5. कातने वाला 6. स्वभाव 7. अभागे लोग

88

हुस्न तेरा सुर्ज[1] पे फ़ाज़िल है
मुख तिरा रश्क-ए-मात-ए-कामिल[2] है
हुस्न के दर्स में लिया जो सबक़
मुझ नज़िक फ़ाज़िल-ओ-मुकम्मिल है
रात-दिन तुझ जमाल-ए-रौशन सूँ
फ़ज़्ल-ए-परवरदिगार शामिल है
जिसकूँ तुझ हुस्न की नईं है ख़बर
बेगुमाँ वो जहाँ में ग़ाफ़िल है
ज़ाद-ए-रह[3] दिल सूँ जो बग़ल में लिया
इश्क़ के पंथ में वो आक़िल है
इश्क़ की राह के मुसाफ़िर कूँ
हर क़दम तुझ गली में मंज़िल है
ऐ 'वली' तर्ज़-ए-इश्क़ आसाँ नहीं
आज़माया हूँ मैं कि मुश्किल है

1. सूर्य 2. पूर्ण चंद्रमा से होड़ लगाने वाला 3. पाथेय

89

उस शाह-ए-नो ख़ताँ[1] कूँ हमारा सलाम है
जिसके नगीन-ए-लब का दो आलम में नाम है
सरशार-ए-इन्बिसात[2] है उस अंजुमन मिनीं
जिसकूँ ख़याल तेरी अँखाँ का मदाम[3] है
जिस सरज़मीं में तेरी भँवाँ का बयाँ करूँ
ख़ूबी हिलाल-ए-चर्ख़[4] वहाँ नातमाम है
जब लग है तुझ गली में रक़ीब-ए-सियाह रू
तब लग हमारे हक़ में हर इक सुब्ह शाम है
तनहा न बंद इश्क़ में तेरी हवा 'वली'
ये ज़ुल्फ़-ए-हल्क़ादार दो आलम का दाम[5] है

1. जिसके चेहरे पर नये-नये चिह्न उभर रहे हों, अंकुरित यौवना 2. हर्ष की उमंगें 3. हमेशा, सदा 4. पहली रात का चाँद 5. रस्सी, फंदा

90

आरिफ़ाँ[1] पर हमेशा रौशन है
कि फ़न-ए-आशिक़ी अजब फ़न है
दुश्मन-ए-दीं का दीन दुश्मन है
राहज़न का चिराग़ रौशन है
क्यूँ न हो मज़हर-ए'तजल्ली यार[2]
कि दिल-ए-साफ़ मिस्ल-ए-दर्पन है
इश्क़ बाज़ाँ हैं तुझ गली में मुक़ीम
बुलबुलाँ का मुक़ाम गुलशन है
सफ़र-ए-इश्क़ क्यूँ न हो मुश्किल
ग़म्ज़ए-चश्म-ए-यार[3] रहज़न है
बार[4] मत दे रक़ीब कूँ ऐ यार
दोस्ताँ का रक़ीब दुश्मन है
मुज कूँ रौशन दिलाँ ने दी है ख़बर
कि सुख़न का चिराग रौशन है
घेर रखता है दिल कूँ जामा-ए-तंग
जग मिनीं दौर-दौर दामन है
इश्क में शम्मः रू के जलता हूँ
हाल मेरा सभों में रौशन है
ऐ 'वली' साहिब-ए-सुख़न की ज़बाँ
बज़्म-ए-मा'नी की शम्मे-रौशन है

---

1. ब्रह्मज्ञानी 2. प्रिय दर्शन के प्रकाश का फैलना 3. प्रिय की आँखों की अदाएँ 4. बोझ, वज़न

91

मुफ़्लिसी सब बहार खोती है
मर्द का एतिबार खोती है
क्यूँ कि हासिल हो मुझकूँ जमीयत[1]
ज़ुल्फ़ तेरी क़रार खोती है
हर सहर शोख़ की निगह की शराब
मुझ अखाँ का क़रार खोती है
क्यूँकि मिलना सनम का तर्क करूँ
दिलबरी इख़्तियार खोती है
ऐ 'वली' आब उस परीरू की
मुझ सिने[2] का ग़ुबार खोती है

1. इत्मीनान, संतोष 2. सीना, छाती

92

दिल कूँ तुझ बाज[1] बेक़रारी है
चश्म का काम अश्क बारी है
शब-ए-फ़ुर्क़त[2] में मूनिस-ओ-हमदम
बेक़रारी कूँ आह ज़ारी है
ऐ अज़ीज़ाँ मुझे नहीं बर्दाश्त
संग-ए-दिल का फ़िराक़ भारी है
फ़ैज़ सूँ तुझ फ़िराक़ के साजन
चश्म-ए-गिर्यां[3] का काम जारी है
फ़ौक़ियत[4] ले गया हूँ बुलबुल सूँ
गरचे मंसब में वो हज़ारी है
इश्क़बाज़ों के हक़ में क़ातिल की
हर निगह ख़ंजर-ओ-कटारी है
आतिश-ए-हिज्र[5] लालारू[6] सूँ 'वली'
दाग़ सीने में यादगारी है

---

1. बग़ैर, बिना 2. वियोग की रात 3. रोती हुई आँखें 4. श्रेष्ठता, वर्चस्व 5. वियोग की अग्नि 6. सुर्ख़ रंग के फूल जैसे मुख वाली

93

सियहरूई[1] न ले जा हश्र में दुनिया-ए-फ़ानी सूँ
सिपहनामे कूँ धो ऐ बेखबर अंझुवाँ[2] के पानी सूँ
शब-ए-ग़म रोज़-ए-इशरत सूँ बदल होवे अगर देखे
तिरी जानिब वो महर-ए-ज़र्रापरवर[3] महरबानी सूँ
नज़िक जानाँ के गर तोहफ़ा लिजाना है तो ऐ नादाँ
लिजा गुलदस्ता-ए-आमाल बाग़-ए-ज़िंदग़ानी सूँ
नहीं है सीर यक साअत अगर मुल्क-ए-जवानी में
कहो क्या ख़िज़्र[4] कूँ हासिल है उम्र-ए-जाविदानी[5] में
अपस के सर पे मारा कोहकन[6] ने तेशा-ए-ग़ैरत[7]
हुआ जब खुसरव-ए-आलम[8] 'वली' शीरीं ज़बानी सूँ

---

1. कालिख़ पुता हुआ चेहरा, गुनाह 2. आँसू 3. ज़र्रे पर कृपा करने वाला सूरज 4. एक अमर कहे जाने वाले पैग़ंबर जिन्होंने आबेहयात पिया था 5. शाश्वत आयु 6. फ़रहाद 7. लज्जा रूपी सब्बल 8. दुनिया का बादशाह

94

कूचा-ए-यार ऐन कासी है
जोगी-ए-दिल वहाँ का बासी है
पी के बैराग की उदासी सूँ
दिल पे मेरे सदा उदासी है
ऐ सनम तुझ जबीं उपर ये ख़ाल
हिंदु-ए-हरद्वार बासी है
ज़ुल्फ़ तेरी है मौज जमना की
तिल नज़िक उसके ज्यूँ सनासी है
घर तेरा है ये रश्क़-ए-देवल-ए-चीं[1]
उस में मुद्दत सूँ दिल उपासी है
ये सियह ज़ुल्फ़ तुझ ज़नख़दाँ[2] पर
नागनी ज्यूँ कुएँ पे प्यासी है
ऐ 'वली' जो लिबास तन पे रखा
आशिक़ाँ के नजिक़ लिबासी है

1. चीन के मंदिरों से होड़ लगाने वाला 2. ठोड़ी

95

तिरा मुख मशरिक़ी, हुस्न अनवरी, जल्वा जमाली है
नयन जामी, जबीं फ़िरदौसी-ओ-अबरू हलाली है
रियाज़ी फ़हम-ओ-गुलशन तब्अ-ओ-दाना दिल, अली फ़ितरत
ज़बाँ तेरी फ़सीही-ओ-सुख़न तेरा ज़लाली है
निगह में फ़ैज़ी-ओ-कुदसी सरश्त-ए-तालिब-ओ-शैदा
कमाली बद्र दिल अहली-ओ-अँखियाँ सूँ ग़ज़ाली है
तू ही है ख़ुसरव-ए-रौशन, ज़मीर-ओ-साहिब-ए-शौकत
तिरे अबरू ये मुझ बेदिल कूँ तुग़रा[1]-ए-विसाली है
'वली' तुझ क़द-ओ-अबरू का हुआ है शौक़ी-ओ-माइल
तू हर इव बैत[2] आली होर हर इक मिसरा ख़याली है[3]

---

1. शाही ख़त 2. बात, शे'र 3. इस ग़ज़ल में वली ने फ़ारसी के मशहूर शाइरों के नामों का प्रयोग करते हुए प्रेमिका का सौन्दर्य चित्रण किया है। मशरिक़ी, अनवरी, जमाली, जामी, फ़िरदौसी, हलाली, रियाजी, फ़सीही, फ़ैज़ी, क़ुदसी, तालिब, कमाली, ग़ज़ाली, ख़ुसरो, बेदिल, माइल, शौक़ी, आली और ख़याली।

96

गरचे तन्नाज़[1] यार-ए-जानी है
माया-ए-ऐश-ए-जाविदानी[2] है
याद करती है ख़त कूँ ज़ुल्फ़-ए-सनम
काम हिंदू का बेदबानी है
तुझ सूँ हरगिज़ जुदा न हूँ मिरी जाँ
जब तलक मुझमें ज़िंदगानी है
आशना नौनिहाल सूँ होना
समरा-ए-गुलशन-ए-जवानी[3] है
दिल में आया है जब सूँ सव-ए-रवाँ[4]
तब सूँ मुझ शे'र में रवानी है
ऐ सिकंदर न ढूँढ आब-ए-हयात
चश्मा-ए-ख़िज्र[5] ख़ुशबयानी है
वक़्त मरने के बोलता है पतंग
कि मुहब्बत रफ़ीक़-ए-जानी है
गरचे पाबंद-ए-लफ़्ज़ हूँ लेकिन
दिल मिरा आशिक़ी-ए-मा'नी है
ऐ 'वली' फ़िक्र-ए-साफ़-ए-साहब-ए-दिल[6]
गोहर-ए-बहर-ए-नुक्तादानी[7] है

---

1. चंचल, तंज़ करने वाला 2. शाश्वत आनंद की पूँजी 3. जवानी के बाग़ का पौधा 4. इस पद का प्रयोग प्रेमिका के लिए हुआ है, चलता हुआ सर्व का पेड़ 5. पैगंबर ख़िज्र का झरना जिन्होंने आबेहयात पिया था 6. सहृदय व्यक्ति का स्वच्छ भावबोध 7. मर्मज्ञता के समुद्र का मोती

97

शुक्र वो जान गई, फिर आई
ऐश की आन गई, फिर आई
तेरे आने सिती ऐ राहत-ए-जाँ
शहर की जान गई, फिर आई
फिर के आना तिरा है बाइस-ए-शौक़[1]
जिस तरह तान गई, फिर आई
तेरे आने सिती ऐ माया-ए-हुस्न[2]
ऐश की शान गई, फिर आई
ऐ 'वली' क़ंद-ए-मुकर्रर[3] है ये बात
शुक्र वो जान गई, फिर आई

1. रुचि का कारण 2. सौंदर्य रूपी पूँजी 3. बार-बार कहने पर भी मीठी लगने वाली बात

98

तुझ मुख का रंग देख कँवल जल में जल गए
तेरी निगाह-ए-गर्म सूँ गुल गल पिघल गए
हर इक कूँ काँ[1] है ताब जो देखे तेरी निगाह
शेराँ तेरी निगाह की दहशत सूँ टल गए
साफ़ी तेरे जमाल की काँ लग बयाँ करूँ
जिस पर क़दम निगाह के अक्सर फिसल गए
मरने से पहले जो कि मरे इस जगत मिनीं
तस्वीर की निमत[2] वो ख़ुदी सूँ निकल गए
पायें जो कोई लज़्ज़त-ए-दीं जग में ऐ 'वली'
दुनिया में हाथ अपने वो हसरत सूँ मल गए

1. कहाँ 2. समान, भाँति

99

सजन में है शुआर-ए-आशनाई[1]
न हो क्यूँ दिल शिकार-ए-आशनाई
सनम तेरी मुरव्वत पे नज़र कर
हुआ हूँ बेक़रार-ए-आशनाई
निपट दुश्वार था मुझ दिल में ऐ जाँ
ज़मान-ए-इंतिज़ार-ए-आशनाई
हुआ मालूम तुझ मिलने सूँ लालन
कि रंगीं है बहार-ए-आशनाई
हया के आब सूँ बाग़-ए-वफ़ा में
रवाँ[2] है जू-ए-बार-ए-आशनाई[3]
वफ़ा दुश्मन न हो ऐ आशनारू
वफ़ा पर है मदार-ए-आशनाई
मुरव्वत के हमेशा हाथ में है
इनान[4]-ए-इख़्तियार-ए-आशनाई
मदारा[5] तर्क मत कर ऐ हया दोस्त
मदारा है हिसार-ए-आशनाई
'वली' इस वास्ते गिर्यां हूँ हर आन
कि तर हो सब्ज़ाज़ार-ए-आशनाई

---

1. प्रेम करने की कुशलता 2. प्रवाहित 3. प्रेम के शराबख़ाने की नहर 4. लगाम 5. विश्वास की धुरी

100

अंदोह[1]-ओ-ग़म की बात तिरे बाज बन गई
आवाज़ मेरी आह की फिर ता गगन गई
ताहश्र उसका होश में आना मुहाल है
जिसकी तरफ़ सनम की निगाह-ए-नयन गई
सुरमे का मुँह स्याह किया उसने जग मिनीं[2]
जिसकी नयन में पीव की ख़ाक-ए-चरन गई
तनहा सवाद-ए-हिंद[3] में शुहरत नहीं सनम
तुझ ज़ुल्फ़ मुश्कबू[4] की ख़बर ता ख़ुतन गई
अब लग 'वली' पिया ने दिखाया नहीं दरस
ज्यूँ शम्मे-इंतिज़ार में सारी रयन[5] गई

---

1. रंज 2. में, भीतर 3. हिंदुस्तान का क्षेत्र अर्थात् पूरा हिंद 4. सुगंधित केश 5. रात

क़त्आ
दर फ़िराक़-ए-गुजरात

गुजरात के फ़िराक़ सूँ है ख़ार-ख़ार दिल
बेताब है सिने[1] मिनीं[2] आतिश बहार दिल
मरहम नहीं है उसके ज़ख़्म का जहाँ मिनीं
शमशीर-ए-हिज्र[3] सूँ जो हुआ है फ़िगार[4] दिल
अव्वल सूँ था ज़ईफ़ पे पाबस्ता सोज़ में
ज्यूँ बाल है अगन के उपर बेक़रार दिल
इस सैर के नशे सूँ अवल[5] तर दिमाग़ था
आख़िर कूँ इस फ़िराक़ ने खींचा ख़ुमार-दिल
मेरे सिने में आके चमन देख इश्क़ का
है जोश-ए-ख़ूँ सूँ तन में मिरे लाला ज़ार दिल
हासिल किया हूँ जग में सरापा शिकस्तगी
देखा है मुझ शकेब[6] सूँ सुब्ह-ए-बहार दिल
हिज्रत सूँ दोस्ताँ के हुआ दिल मिरा गुदाज़
इशरत के पैरहन कूँ किया तार-तार दिल
हर आशना की याद की गर्मी सूँ तन मिनीं
हर दम में बेक़रार है मिस्ल-ए-शरार दिल
सब आशिक़ाँ हुज़ूर, अछे पाक सुर्ख़ रू
अपना अपस लहूँ सूँ किया है निगार दिल
हासिल हुआ है मुजकूँ समर[7] मुझ शिकस्त सूँ
पाया है चाक-चाक हो शक्ल-ए-अनार दिल
मिज्मर[8] निमन[9] हुआ है बदन सोज़-ए-हिज्र सूँ

---

1. सीना 2. में, भीतर 3. वियोग की तलवार 4. घायल 5. अव्वल 6. सब्र, सहनशीलता 7. फल 8. अंगीठी 9. समान, जैसा

इस्पद[10] का मिसाल है आतिश-सवार दिल
अफ़सोस है तमाम कि आख़िर कूँ दोस्ताँ
इस मैकदे सूँ उठ के गए सुध बिसार दिल
लेकिन हज़ार शुक्र 'वली' हक़ के फ़ैज़ सूँ
फिर उसके देखने का है उम्मीदवार दिल

---

10. एक क़िस्म का बीज जो औरतें नज़र उतारने के लिए जलाती हैं।